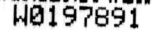

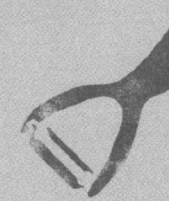

4. Es werde Licht

Ihre Wasserflasche können Sie als improvisierte Laterne verwenden: Binden Sie eine Stirnlampe mit dem Licht nach innen an die Flasche und lassen Sie sich im Dunklen auf dem Campingplatz den Weg weisen.

5. Zweckentfremdet

Ein Sparschäler befreit Gemüse von seiner Schale; er kann aber auch als Seifenspender eingesetzt werden. Damit Sie nicht jeden Tag den kompletten Seifenvorrat in den Waschraum mitnehmen müssen, schälen Sie mit dem Küchenwerkzeug jeweils eine Scheibe von einem großen Stück ab und brauchen diese beim Duschen auf.

6. Natürlicher Mückenschutz

Was für uns nach einem typischen Urlaub am Mittel- meer duftet, riechen Mücken angeblich gar nicht gerne. Während Rosmarin oder Salbei im Lagerfeuer verbren- nen, sollen die Kräuter einen Geruch verströmen, der die kleinen Biester fernhält. Ob es funktioniert? Als altes Hausmittel ist diese Taktik auf jeden Fall beliebt. Einen Versuch ist es also bestimmt wert.

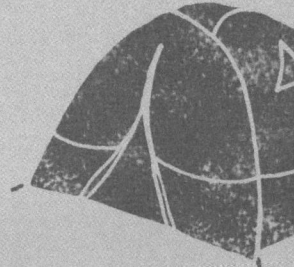

DAS
CAMPING-
KOCHBUCH

Viola Lex
Nico Stanitzok

DAS
CAMPING-
KOCHBUCH

Rezepte für Reiselustige

Auf zu neuen Abenteuern!

Ist es dieses gewisse Gefühl von Unabhängigkeit, das Sie zum Campen verführt? Dann geht es Ihnen so wie uns. Camping – das ist Reiselust und Lebensfreude. Es ist pure Freiheit!

Wir bezeichnen uns selbst gern als Weltenbummler. Als Menschen, die immer unterwegs sind, um das Fernweh zu stillen. Das ist eine Leidenschaft, die verbindet und die uns zu diesem Kochbuch inspiriert hat. Wir möchten mit Ihnen ein Stück von dem teilen, was wir so sehr lieben, und Sie mit unserem Buch auf Ihrer Reise begleiten – mit wertvollen Tipps und gutem Essen.

Aus eigener Erfahrung wissen wir, dass die Outdoor-Küche viel mehr zu bieten hat als Tütensuppen und Dosenravioli. Wir erinnern uns an glückliche Kindertage auf dem Campingplatz und daran, dass wir als Erwachsene mutiger wurden: Nico fühlt sich mitten in der Natur am wohlsten, Viola im VW-Bulli (ein T3 mit dem Spitznamen »Lucy«) ihrer Schwester. Als Backpacker zogen wir schon um den Globus. Viola schlug ihr Zelt im kolumbianischen Dschungel auf und für Nico wurde der Ruf nach dem Abenteuer irgendwann so laut, dass er mittlerweile sogar in Thailand lebt.

Alles, wofür unser Herz schlägt, haben wir für Sie in dieses Buch gepackt. Es ist der ideale Ratgeber für Ihre Campingtour: egal ob Großfamilie oder Festivalbesucher, jung oder alt, sparsam oder spendabel – Hauptsache hungrig!

Viel Spaß mit unserer Campingküche wünschen Ihnen

Viola Lex & Nico Stanitzok

Welcher Campingtyp bin ich?

Der Bullifahrer

Weil sich Individualisten im Retro-Bus besonders wohlfühlen, sieht man darin oft stylishe Surfertypen campieren. Super angesagt ist es, sich in Australien oder Neuseeland einen Wagen zu mieten und damit gemütlich durchs Land zu tuckern. Das typische Tagesprogramm eines Bullifahrers: Ausschlafen, Yoga-Session, Wellenreiten, Sonne tanken, Bierchen trinken.

Der Luxuscamper

Im Urlaub möchte dieser Campingtyp nicht auf Komfort verzichten. Dafür verwandelt er das Mega-Wohnmobil in eine Wohlfühloase auf vier Rädern: Hightech-Küche, Waschmaschine, Flat-TV und Garage für den PKW – alles mit an Bord. Aktuell ist »Glamping« übrigens der absolute Trend. Beim glamourösen Campen wird im schön ausgestatteten und teilweise möblierten Luxus-Zelt residiert.

Der Wildcamper

»Back to the roots« – so lautet das Motto eingefleischter Wildcamper. In der Wildnis übernachten echte Naturburschen, die hungrig nach Abenteuern sind, am liebsten wandern und über dem Lagerfeuer grillen. Für diesen Campingtyp muss die Ausstattung funktional sein – von der Unterwäsche bis zum Kochgeschirr.

Der Familiencamper

Ob im Wohnmobil oder im Zelt – für diesen Camping-typ ist wichtig, dass Kind und Kegel mit auf Reisen gehen. Fahrräder, Strandmuschel & Co. sind stets im Gepäck dabei. Ebenfalls weit verbreitet: die Elternzeit-Camper. Frisch gebackene Mütter und Väter wissen das rollende Zuhause für den ersten Urlaub mit Baby sehr zu schätzen.

Der Festivalcamper

Festivalbesucher möchten vor allem eines: Feiern! Der Schlafplatz muss nur herhalten, um sich zwischen dem Abtanzen mal auszuruhen. Für diesen Camping-typ sollte es unkompliziert und praktisch sein. Klar, denn er will möglichst wenig Zeit mit Aufbauen oder Kochen verbringen und stattdessen lieber mehr Party machen.

Der Dauercamper

Der Dauercamper gilt als Ureinwohner des Camping-platzes. Da er seine Parzelle samt Wohnwagen und Vorzelt mit Küchenzeile und Fernsehanschluss aufwendig in ein zweites Zuhause umgebaut hat, wird er zugleich belächelt und gefürchtet. Dabei muss man vor den inoffiziellen »Chefs« keine Angst haben: Neuankömmlinge sind meist gern gesehen.

Willkommen im Urlaub!

Sobald das Wohnmobil vollgetankt und das Zelt startklar ist, geht die Reise los. Ab jetzt können Sie jeden Ort auf dieser Welt Ihr Zuhause nennen. Sie entscheiden spontan, wo Ihr nächster Schlafplatz sein wird. Entspannung ist nun angesagt! So zu reisen, macht süchtig – und hungrig! Trotz kleiner Küche müssen Sie beim Camping auf rein gar nichts verzichten – erst recht nicht auf Genuss! Wie das geht, verraten wir Ihnen hier.

Ein Campingtrip sollte gut vorbereitet sein. Deshalb wird selbst der gelassenste Outdoor-Abenteurer plötzlich zum Listenschreiber. Nur Sie müssen sich den Kopf nicht zerbrechen. Denn damit Sie schon beim Packen relaxen können, nehmen wir Ihnen die Planung ab. Welche Basiszutaten und welche Kochausstattung ins Gepäck gehören, erfahren Sie in den praktischen Checklisten ab Seite 156 oder als Download im Web unter www.dorlingkindersley.de/camping-kochbuch. Um Ihnen das Leben noch bequemer zu machen, gibt's hier außerdem tolle Tipps für den Vorrat (Seite 12), cleveres Campingkocher-Know-how (Seite 66), schlaues Grill-Wissen (Seite 112) und jede Menge Survival Stuff für Camper.

Zur Ruhe kommen

Ihre Ferien beginnen schon beim Einkauf: Schlendern Sie über den Markt und entdecken Sie, was Ihr Urlaubsort zu bieten hat. Unser Kochbuch liefert Ihnen Rezepte, die Sie inspirieren. Genießen Sie das Feeling, unter freiem Himmel zu essen. An der frischen Luft. Gemeinsam. Glücklich! Obwohl Sie unterwegs bloß eine Miniküche zur Verfügung haben, gelingen Ihnen die Rezepte garantiert. Sie sind umwerfend lecker und easy nachgemacht – das One-Pot-Gericht aus dem Topf genauso wie das Brot aus der Pfanne. Et voilà ... fertig!

Der Campingküchen-Flüsterer

Apropos leicht: Lassen Sie alles zu Hause, was Sie nicht brauchen, z. B. Ihre Küchenwaage. Bei unseren Rezepten reicht zum Abmessen eine Tasse oder Ihr heiß geliebter Campingbecher – mit einem Fassungsvermögen von 250 ml. Was sonst ins Gepäck muss? Dieses Buch natürlich. Wir haben es für Sie extra in ein handliches Format verpackt. So schütteln Sie die Camping-Rezepte auf Tour jederzeit aus dem Ärmel.

Endlich auf Achse

Ob Single-Camper, Pärchen oder vierköpfige Familie – damit alle satt werden, haben wir die Rezepte für vier Personen berechnet. Es sei denn, Sie kochen mit nur einer Gaskocherflamme oder bereiten unsere selbst gemachten Instant-Gerichte zu, dann reichen die Zutaten für zwei Personen. Sollte etwas übrig bleiben, freuen Sie sich auf das Resteessen am nächsten Tag. Aber warten Sie erst einmal ab: Wer campt, hat meist großen Hunger oder bekommt ab und zu spontan Besuch vom Nachbarn ...

Wegweiser durch das Buch

Wofür unsere Rezepte und Ideen geeignet sind, erkennen Sie an folgenden Icons:

 Roadtrip: Diese Gerichte bereitet man vor und nimmt sie mit. Sie eignen sich super für die Anreise oder für Ausflüge.

 Kalte Küche: Für diese Rezepte benötigen Sie weder Gaskocher noch Grill.

 Gaskocher 1 Flamme: Hierfür wird jeweils nur ein Topf oder eine Pfanne benötigt.

 Gaskocher 2 Flammen: Für diese Gerichte kochen Sie in zwei Pfannen oder Töpfen gleichzeitig.

 Grill: Diese Rezepte werden auf dem Grill zubereitet.

 Tipps & Hinweise: Hier bekommen Sie clevere Tipps zu den Rezepten oder zum Campen allgemein.

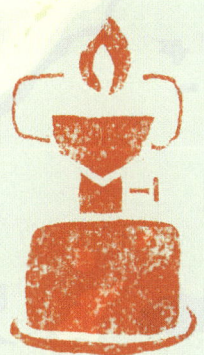

Keine U(h)rsache

Wir selbst kochen unsere Gerichte mit Gaskocher und -grill. Doch jeder Camper hat seine persönlichen Vorlieben, deshalb funktionieren unsere Rezepte auch mit anderem verbreiteten Equipment. Egal, für welches Gerät Sie sich entscheiden: Beachten Sie, dass die Garzeiten variieren. Sie hängen unter anderem von Ausstattung, Brennstoff und Temperatur ab. Unsere Angaben sind Richtwerte, an denen Sie sich orientieren können. Machen Sie eine Garprobe.

Der mobile Vorrat

(Platz-)Problemlöser

Widmen Sie sich im Urlaub direkt den schönen Dingen des Lebens und verschwenden Sie keine Zeit mit der Suche nach Grundzutaten. Füllen Sie Nudeln und Mehl zu Hause in viereckige Frischhalteboxen – die lassen sich bestens auf engstem Raum stapeln. Auch Zucker, Brühe, Spülmittel oder exklusive Zutaten wie Kapern können Sie in geeigneten Behältern in griffiger Reisegröße mitnehmen.

Geheimwaffen

Sie reisen mit wenig Gepäck? Dann werden Sie diese Leichtgewichte lieben: Wiederverschließbare Gefrierbeutel sind die Allround-Stars fürs Outdoor-Kochen. Hinein können fertige Müslimischungen fürs Frühstück, Power-Proviant für unterwegs, Fleisch zum Marinieren oder portionierte Instant-Gerichte (Rezepte Seite 90–91). Beim Campen geht übrigens nichts ohne Alufolie – unbedingt einpacken.

Würzwunder

Ob Rosmarin, Zimt oder Paprikapulver, Gewürze gehören in die Campingküche. Entweder Sie kaufen sich Spice-Boxen, die für mehrere kleine Portionen verschiedener Gewürze oder Würzmischungen Platz haben, oder Sie füllen Ihre Favoriten in leere Döschen z. B. von Pfefferminz-Dragees. Beschriften nicht vergessen! Entdecken Sie frische Kräuter auf dem Markt, greifen Sie zu. Wenn Sie sich mit Pflanzenbestimmung gut auskennen, können Sie Kräuter – wo erlaubt – auch in der Natur sammeln.

Selfmades

Selbstgemachtes ist geschmacklich nicht zu toppen – das gilt auch für leckere Grillsaucen. Auf Reisen müssen Sie auf den Do-it-yourself-Trend für den Vorrat nicht verzichten. Clevere Camper bereiten Ketchup (Rezepte Seite 14–15) und BBQ-Sauce (Rezept Seite 16) in der heimischen Küche vor und nehmen die Saucen mit an Bord.

Multitalente

Es lohnt sich, den Vorrat gut zu planen, denn dann können Sie eine Zutat gleich für mehrere Rezepte verwenden: Packen Sie Kakaopulver ein, machen Sie damit Apfel- (Rezept Seite 110) oder Schokokuchen (Rezept Seite 155) und jeden Morgen eine Trinkschokolade für Ihre Kinder. Beim Shoppen vor Ort funktioniert das genauso: Mit der doppelten Portion Fetakäse im Einkaufswagen kochen Sie mittags einen Spargelsalat (Rezept Seite 54) und abends eine Nudelpfanne (Rezept Seite 80).

Durstlöscher

Mit stillem Wasser gefüllte Plastikflaschen vorab einzufrieren, ist gleich doppelt sinnvoll: Sie haben immer (sauberes) Trinkwasser dabei, und während die Flaschen in der Kühlbox auftauen, halten sie benachbarte Lebensmittel kalt. Denken Sie daran: Wasser dehnt sich beim Gefrieren aus. Schütten Sie vor dem Einfrieren ein paar großzügige Schlucke aus der Flasche ab.

Ketchup

2 Zwiebeln
2 EL Rapsöl
5 EL Zucker
4 EL Apfelessig
2 EL Apfelmus
2 Dosen stückige Tomaten
 (à 400 g)
½ TL Currypulver
Salz

Außerdem

2 Flaschen (à 500 ml) mit
 Schraubverschluss, heiß
 ausgespült

1 Die Zwiebeln schälen und in Würfel schneiden. Das Öl in einem Topf erhitzen. Die Zwiebeln im heißen Fett bei mittlerer Hitze 2 Minuten anschwitzen. Den Zucker dazugeben und bei schwacher Hitze weitere 6 Minuten anschwitzen.

2 Mit Essig ablöschen, Apfelmus, Tomaten und Currypulver hinzufügen, verrühren und bei mittlerer Hitze etwa 10 Minuten köcheln lassen. Dabei gelegentlich umrühren, um ein Anbrennen der Sauce zu verhindern. Anschließend die Masse mit einem Stabmixer pürieren und mit Salz abschmecken. Noch heiß durch einen Trichter in die Flaschen gießen und verschließen. Der Ketchup ist verschlossen ungekühlt 1 Monat haltbar. Nach dem Öffnen kühl lagern und innerhalb von 2 Wochen verbrauchen.

Ergibt etwa 1 Liter · Zubereitung etwa 35 Minuten

Bananenketchup

1 kleine Zwiebel
2 Knoblauchzehen
1 Jalapeño-Chili
1 Stück Ingwer (4 cm)
2 EL Erdnussöl
½ TL gemahlene Kurkuma
¼ TL gemahlener Piment
100 ml Weißweinessig
2 EL Honig
2 EL brauner Rum
1 EL Tomatenmark
1 EL Sojasauce
4 Bananen
Salz

Außerdem

2 Flaschen (à 500 ml) mit
  Schraubverschluss, heiß
  ausgespült

1 Die Zwiebel schälen und in Würfel schneiden. Den Knoblauch schälen und fein hacken oder durchpressen. Die Chilischote waschen, halbieren und von den Samen befreien, den Ingwer schälen und fein reiben.

2 Das Öl in einem Topf erhitzen. Die Zwiebelwürfel darin bei mittlerer Hitze 5 Minuten anschwitzen. Knoblauch, Chili, Ingwer, Kurkuma und Piment hinzugeben und 30 Sekunden anschwitzen. Mit Essig ablöschen, Honig, Rum, Tomatenmark und Sojasauce dazugeben und glatt rühren. Die Bananen schälen, grob in Stücke schneiden und in den Topf geben. Mit einem Deckel verschließen und bei schwacher Hitze 15 Minuten köcheln lassen, dabei häufig umrühren. Den Topf von der Kochstelle ziehen und 10 Minuten abkühlen lassen.

3 Die Bananenmasse in einen Mixer geben und etwa 1 Minute fein pürieren. Dabei so viel Wasser hinzugeben, bis die gewünschte dickflüssige Konsistenz erreicht ist. Alternativ mit einem Stabmixer fein pürieren.

4 Erneut unter stetigem Rühren aufkochen und dabei mit Salz abschmecken. Kochend heiß in die Flaschen geben und sofort verschließen. Der Ketchup ist verschlossen ungekühlt 1 Monat haltbar. Nach dem Öffnen kühl lagern und innerhalb von 2 Wochen verbrauchen.

Familienurlaub auf Probe

Sie planen eine Campingreise mit Ihren Kids, die Kinder haben vorher aber noch nie eine Nacht im Zelt verbracht? Geben Sie Ihrem Nachwuchs eine Kostprobe, bevor Sie für die Dauer Ihres kompletten Jahresurlaubs in die Ferne schweifen: Machen Sie übers Wochenende gemeinsam einen Kurztrip oder schlagen Sie ein Zelt im Garten auf.

BBQ-Sauce

2 Zwiebeln
1 rote Paprikaschote
2 rote Chilischoten
1 EL Rapsöl
1 Dose geschälte Tomaten (400 g)
½ Tasse Honig (180 g)
1 TL Rauchsalz (z. B. Hickory)
  + etwas mehr zum Abschmecken
2 EL Balsamicoessig
1 TL Speisestärke
frisch gemahlener Pfeffer

Außerdem
2 Flaschen (à 300 ml) mit
  Schraubverschluss

1 Die Zwiebeln schälen und in Würfel schneiden. Die Paprika von den Samen befreien, waschen und in Würfel schneiden. Die Chilischoten waschen, vierteln und von den Samen befreien. Das Öl in einem Topf erhitzen. Zwiebel, Paprika und Chili darin bei mittlerer Hitze 5 Minuten anschwitzen. Tomaten, Honig und Salz dazugeben. Essig und Stärke vermischen und mit dem Schneebesen unterrühren. Alles 10 Minuten bei mittlerer Hitze köcheln lassen, dabei gelegentlich umrühren.

2 In der Zwischenzeit die Flaschen mit kochendem Wasser ausspülen. Die eingedickte BBQ-Sauce nun mit einem Stabmixer pürieren und mit Salz und Pfeffer abschmecken. Noch heiß in die Flaschen füllen und verschließen. Die BBQ-Sauce ist verschlossen ungekühlt 1 Monat haltbar. Nach dem Öffnen kühl lagern und innerhalb von 2 Wochen verbrauchen.

Raffiniertes aus dem Rauch
Rauchsalz ist ein aromatisiertes Speisesalz, das Gerichten ein herrliches Raucharoma verleiht. Es hat eine starke Würzkraft und sorgt für ein intensives Geschmackserlebnis. Gehen Sie beim Würzen anfangs sparsam vor und schmecken Sie zum Schluss noch einmal ab.

Für etwa 8 Steaks oder 2-3 Fladenbrote · Zubereitung etwa 20 Minuten

Dukkah – orientalisch-afrikanische Gewürzmischung

50 g geröstete, gesalzene Erdnüsse
50 g Haselnüsse
50 g Pistazienkerne
2 getrocknete Chilischoten
20 g Sesamsamen
3 TL Knoblauchgranulat
2 TL gemahlener
  Kreuzkümmel
2 TL gemahlener
  Koriander
5 TL Fenchelsamen
3 TL grobes Salz

1 Die Nüsse mit dem Messer fein hacken. Die Chili im Mörser zerstoßen oder mit den Fingern zerbröseln. Nüsse, Chili, Sesam und Gewürze in einer Pfanne ohne Fett bei mittlerer Hitze rösten, bis sie zu duften beginnen.

2 Abkühlen lassen, in einen Gefrierbeutel oder ein Schraubglas füllen und mit auf die Reise nehmen.

Damit schmeckt's besonders gut
Dippen Sie z. B. frisch aufgebackenes Fladenbrot in Olivenöl und danach in die Dukkah-Mischung. Oder wenden Sie Fisch vor dem Servieren im Dukkah – Sie erleben ein kleines Feuerwerk der Aromen, versprochen!

Aprikosenkuchen im Glas

4 EL Weißbrotbrösel
2 Bio-Orangen
1 ½ Tassen getrocknete Aprikosen
1 ½ Tassen + 1 EL Mehl
250 g weiche Butter
1 Tasse Zucker
1 Pck. Vanillezucker
4 Eier (M)
½ Tasse Speisestärke
2 TL Backpulver

Außerdem
4 Sturzgläser mit Deckel
  (à 500 ml)

1 Sturzgläser fetten und dünn mit je 1 EL Weißbrotbröseln ausstreuen. Der Glasrand, auf dem später der Gummiring liegt, muss dabei frei bleiben. Den Backofen auf 180 °C Ober-/Unterhitze vorheizen. Die Orangen heiß abwaschen und trocknen. Von 1 Orange die Schale dünn abreiben und beiseitestellen. Beide Orangen auspressen und ½ Tasse Saft abmessen. Die getrockneten Aprikosen in kleine Würfel schneiden und mit 1 EL Mehl in einer Schale vermischen.

2 Die Butter mit den Rührbesen des Handrührgeräts zusammen mit Zucker, Vanillezucker und Orangenschale cremig rühren. Anschließend die Eier nacheinander jeweils 30 Sekunden unterrühren. Mehl, Speisestärke und Backpulver mischen und mit dem Orangensaft hinzugeben. Zu einem glatten Teig verrühren, dann die Aprikosen unterheben.

3 Den Teig so auf die Gläser verteilen, dass sie etwa zu zwei Dritteln gefüllt sind. Die Gläser auf dem Rost in den vorgeheizten Ofen (Mitte) schieben und 35–40 Minuten backen. In der Zwischenzeit vier auf die Gläser passende Gummiringe in Wasser einweichen.

4 Die Gläser aus dem Ofen nehmen und die Gummiringe auf den Rand legen. Sofort mit den Deckeln verschließen und mit Klammern fixieren. Die Kuchen im geschlossenen Glas auf einem Gitter abkühlen lassen. Sie sind ungeöffnet und ungekühlt etwa zwei Wochen haltbar. Zum Servieren stürzen.

 Für 4 Personen oder den Vorrat · Zubereitung etwa 10 Minuten + Einweichen über Nacht

Camping-Bircher-Müsli-Mischung

2 Tassen Haferflocken (kernig)
4 EL Haselnusskerne, gehackt
1 Orange
100 ml Milch
200 g Magerquark
300 g Joghurt
2 EL Honig
1 Apfel

1 Haferflocken und Haselnusskerne zu Hause in einer Schale vermischen. In ein kleines Schraubglas oder einen Gefrierbeutel füllen, verschließen und so vorbereitet mit auf die Reise nehmen.

2 Die Orange auspressen und den Saft mit Milch, Quark, Joghurt und Honig in einer Schüssel glatt rühren. Die Müsli-Mischung einrühren und über Nacht einweichen lassen. Vor dem Servieren den Apfel in feine Würfel schneiden oder auf der Reibe grob raspeln. Unter das Bircher-Müsli heben. Müsli auf vier Schalen verteilen und servieren.

 Oh, wie schön!
Campinggeschirr ist sinnvoll – und ein richtiger Hingucker. Die Sets aus Tellern, Bechern und Schüsseln gibt es in herrlich bunten Farben und stylishen Designs. Achten Sie beim Kauf darauf, dass das Material leicht, gleichzeitig robust, bruchfest und unkompliziert zu reinigen ist.

Cranberry-Müsliriegel

1 Tasse getrocknete Cranberrys
4 EL Butter
3 EL Zucker
2 EL Honig
1 TL Zitronensaft
2 Tassen Haferflocken (kernig)
1/3 Tasse gehackte Mandeln
2 EL Sonnenblumenkerne

Außerdem
Backpapier
Auflaufform (etwa 20 × 30 cm)

1 Die Auflaufform mit Backpapier auskleiden und den Backofen auf 160 °C Ober-/Unterhitze vorheizen. Die Cranberrys mit einem Messer fein hacken oder im Blitzhacker zerkleinern.

2 Butter, Zucker, Honig und Zitronensaft in einen kleinen Topf geben und bei mittlerer Hitze so lange verrühren, bis sich der Zucker vollständig aufgelöst hat. Cranberrys, Haferflocken, Mandeln und Sonnenblumenkerne in einer Schüssel vermischen. Die Buttermischung sorgfältig unterrühren, sodass alles damit benetzt ist.

3 Die Masse in die Auflaufform geben, glatt streichen und etwas andrücken. In den Ofen (Mitte) geben und etwa 20 Minuten backen.

4 Herausnehmen und in der Form auskühlen lassen. Mit dem Backpapier aus der Form heben und in zwölf Riegel zerschneiden.

Bereit für den Roadtrip?

Mitgenommen

Sehnsucht nach der Straße, aber das typische Rastplatzessen soll bitte auf der Strecke bleiben? Kein Problem: Machen Sie sich zu Hause ein paar »Snacks to go« (Rezepte ab Seite 24) fertig. Unsere Sandwiches eignen sich selbstverständlich auch perfekt für den Tagesausflug am Urlaubsort – ob zum Wandern in den Bergen oder zum Relaxen am Strand.

Aufgetankt

Sie brauchen schnell Energie? Unser Proviant ist genau das Richtige für Ihre Power-Pause. Während der Reisevorbereitungen läuft noch in der Heimat Ihr Backofen auf Hochtouren – für die Zubereitung von gerösteten Erdnüssen (Rezept Seite 30) oder Cranberry-Müsliriegeln (Rezept Seite 21). In wiederverschließbaren Gefrierbeuteln passt die Stärkung prima in den Rucksack.

Eingetütet

Jeder, der während der Fahrt mal ein Sandwich gegessen hat, wird dieses Szenario kennen: Kaum beißt man in das Brötchen, landet die Tomate auf dem Sitz und die Sauce auf dem Schoß. Um das zu verhindern, können Sie Ihre Sandwiches in ausgefallene Brötchentüten verpacken: Snacktaschen aus Papier (wie die bekannten Dönertüten) sind eine saubere Sache.

Durchgeschüttelt

Der Einsatz von Salat-Shakern macht das Leben unterwegs leichter. Sie füllen die Zutaten in ein Schraubgefäß und verwahren das Dressing bis zur Verwendung im Deckel. Erst wenn der Hunger kommt, wird alles zusammengemixt. So bleibt der Salat frisch und knackig. Shake it, Baby!

Ausgequetscht

Nehmen Sie eine wiederverwertbare Trinkflasche mit auf Ihr Abenteuer. Wer im Rucksack um jeden Millimeter Platz und jedes Gramm Gewicht kämpft, schafft sich eine faltbare Trinkflasche an, die sich im leeren Zustand zusammenknautschen lässt. Und für alle, die öfters kalte Füße kriegen: Heißes Wasser in die Flasche gießen, T-Shirt drumwickeln und in den Schlafsack legen – ruckzuck haben Sie eine selbst gebastelte Wärmflasche.

Ergibt etwa 50 Stück · Zubereitung etwa 35 Minuten · Backen etwa 25 Minuten

Ritz Cracker

2 Tassen + etwas Mehl
  für die Arbeitsfläche
3 TL Backpulver
1 EL Zucker
1 TL Salz
120 g kalte Butter
2 EL Rapsöl

Außerdem
Backpapier
Plätzchenausstecher

1 Zwei Backbleche mit Backpapier belegen. Den Backofen auf 200 °C Ober-/Unterhitze vorheizen. Das Mehl, Backpulver, Zucker und ½ TL Salz in eine Schüssel geben und gut vermischen. 80 g Butter in kleine Stücke schneiden und dazugeben. Alles zügig mit den Händen verkneten. Das Öl hinzufügen und unterkneten. Nach und nach 50 ml kaltes Wasser dazugeben und verkneten. Es soll ein geschmeidiger Teig entstehen.

2 Den Teig auf der bemehlten Arbeitsfläche etwa 3 mm dick ausrollen. Cracker ausstechen und auf die Backbleche legen. Jeden Cracker mit einer Gabel einstechen. Die Bleche nacheinander in den Ofen (Mitte) schieben und die Cracker 12–14 Minuten goldbraun backen.

3 Restliche Butter (40 g) zerlassen und mit dem restlichen Salz (½ TL) mischen. Die Cracker aus dem Ofen nehmen und auskühlen lassen. Noch heiß mit der flüssigen Salzbutter einpinseln.

 Ergibt etwa 100 Stück · Zubereitung etwa 1 Stunde · Backen etwa 12 Minuten

Mohncracker mit Sesam

2 ½ Tassen + etwas Mehl
  für die Arbeitsfläche
2 EL Olivenöl
Salz
2 EL Mohn
1 EL Sesam
2 EL grobes Meersalz

Außerdem
Frischhaltefolie
Backpapier

1 1 ½ Tassen Mehl mit 150 ml Wasser, dem Olivenöl und 1 Prise Salz in einer Schüssel mit den Händen vermengen. Das restliche Mehl (1 Tasse), Mohn und Sesam dazugeben und alles mit den Händen zu einem geschmeidigen Teig kneten. In Frischhaltefolie wickeln und 30 Minuten ruhen lassen.

2 In der Zwischenzeit zwei Backbleche mit Backpapier belegen. Den Backofen auf 220 °C Ober-/Unterhitze vorheizen. Den Teig auf der bemehlten Arbeitsfläche etwa 4 mm dick ausrollen. Mit einem Teigrad in 3 × 3 cm große Stücke schneiden. Die Cracker auf das Backblech setzen und gleichmäßig mit dem Meersalz bestreuen.

3 Die Bleche nacheinander in den Ofen (Mitte) geben und die Cracker 12–15 Minuten goldbraun backen. Herausnehmen, mit dem Papier vom Blech ziehen und auf einem Kuchengitter auskühlen lassen.

Für 4 Personen
Zubereitung etwa 40 Minuten

Mini-Frikadellen-Spieße

Für die Frikadellen
½ Brötchen
1 rote Zwiebel
½ Bund Petersilie
500 g gemischtes Hackfleisch
1 Ei (M)
1 EL Weißbrotbrösel
1 TL mittelscharfer Senf
1 TL edelsüßes Paprikapulver
1 TL Currypulver
Salz
frisch gemahlener Pfeffer
2 EL Rapsöl

Für die Spieße
16 Kirschtomaten
100 g Gouda

Außerdem
8 Holzspieße (à 15 cm)

1 Das Brötchen in heißem Wasser einweichen. Die Zwiebel schälen und fein würfeln. Die Petersilie kalt abbrausen, trocken schütteln und fein hacken. Das Brötchen auspressen und mit Zwiebel, Petersilie, Hackfleisch, Ei, Weißbrotbröseln, Senf, Paprika und Curry in eine Schüssel geben. Mit den Händen alles sehr gut durchkneten, bis eine geschmeidige Hackfleischmasse entstanden ist. Die Masse mit Salz und Pfeffer abschmecken und 10 Minuten ruhen lassen.

2 Aus der Hackfleischmasse 24 gleich große Kugeln formen. Das Öl in einer Pfanne erhitzen. Die Frikadellen darin bei mittlerer Hitze etwa 10 Minuten rundherum goldbraun braten. Herausnehmen, auf Küchenpapier abtropfen und vollständig abkühlen lassen.

3 In der Zwischenzeit die Kirschtomaten waschen und abtropfen lassen. Den Gouda in acht gleich große Würfel schneiden. Auf jeden Spieß 3 Frikadellen, 2 Tomaten und 1 Stück Käse stecken. Für die Reise oder den Ausflug in Papiertütchen verpacken oder in einer Dose transportieren.

 Aus zwei mach eins
Salz und Pfeffer sind beim Kochen unverzichtbar. Für das Würz-Duo hat die Campingküche eine funktionale Variante parat: Es gibt Streuer, die man von zwei Seiten aufschrauben und daher mit zwei Gewürzen befüllen kann.

Schichtsalat im Glas

1 Dose Mais (285 g)
1 Dose Ananasstücke (235 g)
1 Glas Selleriestreifen (190 g)
2 Eier (M)
1 kleine Lauchstange
¼ Eisbergsalat
150 g Gouda (in Scheiben)
150 g Kochschinken (in Scheiben)
3 EL Mayonnaise
200 g Joghurt (1,5 %)
Salz
frisch gemahlener Pfeffer

Außerdem
4 Schraubgläser (à 400 ml)

1 Mais, Ananas und Sellerie jeweils in ein Sieb abgießen und abtropfen lassen. Die Eier 8 Minuten kochen, mit kaltem Wasser abschrecken, pellen und abkühlen lassen.

2 Den Lauch längs aufschneiden. Gründlich waschen, auch zwischen den Blattschichten, dann quer in etwa 3 mm breite Streifen schneiden. Den Eisbergsalat putzen und in dünne Streifen schneiden. Gouda und Kochschinken in etwa 5 mm breite Streifen schneiden.

3 Mayonnaise und Joghurt in einer Schale miteinander verrühren und mit Salz und Pfeffer abschmecken.

4 Alle Zutaten bis auf den Käse gleichmäßig in die Gläser schichten und mit dem Dressing beträufeln. Als letzte Schicht den Käse darübergeben. Die Gläser mit Deckeln verschließen und den Salat etwa 24 Stunden im Kühlschrank durchziehen lassen.

Für 4 Personen
Zubereitung etwa 25 Minuten

Erdnüsse in Honig geröstet

500 g geröstete, ungesalzene Erdnusskerne
1 Tasse Honig (100 g)
1 Tasse Zucker (100 g)
2 TL Salz

Außerdem
Backpapier

1 Ein Backblech mit Backpapier belegen. Den Backofen auf 170 °C Ober-/Unterhitze vorheizen. Die Erdnüsse in eine Schüssel geben. Den Honig in einem Topf bei mittlerer Hitze erwärmen, bis er flüssig ist. Den Honig über die Erdnüsse gießen, Zucker und Salz dazugeben und alles miteinander verrühren, bis die Erdnüsse vollständig von Honig und Zucker überzogen sind.

2 Die Erdnüsse gleichmäßig auf dem Backblech verteilen, sie sollten sich möglichst nicht berühren.

3 In den Ofen (Mitte) schieben und etwa 15 Minuten rösten, dabei nach der Hälfte der Zeit wenden. Wenn die Nüsse goldbraun sind, herausnehmen und auf dem Blech vollständig abkühlen lassen.

4 Die Nussmischung mit den Fingern auseinanderbrechen und in eine luftdicht schließende Box füllen. Für die Wanderung oder die Reise kann die Nussmischung auch auf vier Papiertütchen oder Gefrierbeutel verteilt werden.

Für 4 Personen · Zubereitung etwa 10 Minuten

Papaya-Banane-Nuss-Mix

5 EL Bananenchips
4 EL getrocknete Papaya
2 EL getrocknete Ananas
1 Tasse ganze Mandeln
1 Tasse Cashewkerne
5 EL Kürbiskerne
5 EL gepuffte Quinoa
3 EL Kokoschips

1 Die Bananenchips klein brechen, die Papaya und Ananas mit dem Messer fein hacken. Alle Zutaten in einer Schüssel miteinander vermischen und in eine luftdicht schließende Box füllen. Für die Wanderung oder die Reise kann die Nussmischung auch auf vier Papiertütchen oder Gefrierbeutel verteilt werden.

Old School
Erinnern Sie sich an die Zeiten, in denen es weder Navigationsgerät noch Google Maps gab? Auch wenn es Ihnen vielleicht vorkommen mag wie eine Reise in die Vergangenheit: Eine gute alte Straßenkarte mitzunehmen ist durchaus ratsam. Wenn Navi oder Smartphone versagen, lässt Sie die Karte garantiert nicht im Stich. Außerdem macht es Spaß, zwischendurch selbst zu navigieren!

Für 4 Personen · Zubereitung etwa 15 Minuten · Backen etwa 30 Minuten

Gewürzte Nüsse mit Pecorino

2 Tassen geröstete, ungesalzene
  Pistazien (Schale entfernen)
1 Tasse ganze Mandeln
2 Tassen Walnusskerne
1 Tasse Haselnüsse
2 EL Honig
3 EL Rohrohrzucker
1 TL geräuchertes Paprikapulver
1 TL gemahlener Kreuzkümmel
½ TL Chiliflocken
1 Msp. gemahlener Zimt
200 g Pecorino

Außerdem
Backpapier

1 Die Pistazien mit Mandeln, Walnüssen und Haselnüssen mischen.
Ein Backblech mit Backpapier belegen. Den Ofen auf 150 °C Ober-/
Unterhitze vorheizen. Honig und Zucker in einen Topf geben und bei
mittlerer Hitze unter Rühren zum Kochen bringen. Wenn sich der Zucker
aufgelöst hat, die Temperatur reduzieren und die Masse bei schwacher
Hitze noch 1 Minute köcheln lassen. Gewürze unterrühren, die Nüsse
hinzufügen und rühren, bis alles mit der Honigmasse überzogen ist.

2 Die Nüsse gleichmäßig auf dem Backblech verteilen, sie sollten sich
möglichst nicht berühren. Das Blech in den Ofen (Mitte) schieben
und die Nüsse 30 Minuten rösten. Dabei alle 10 Minuten wenden, dann
herausnehmen und auf dem Blech vollständig abkühlen lassen.

3 Den Käse grob raspeln. Die Nussmischung auseinanderbrechen, mit
dem Käse mischen und in eine luftdicht schließende Box füllen.

Für 4 Personen
Zubereitung etwa 15 Minuten · Ruhen etwa 30 Minuten

Sandwich-Röllchen mit Thunfischcreme

¼ Salatgurke
1 Dose Thunfisch in eigenem Saft (150 g)
1 kleine Zwiebel
3 EL Mayonnaise
½ TL getrocknetes Basilikum
Salz
frisch gemahlener Pfeffer
4 Scheiben Tramezzini-Weißbrot
   (ital. Weißbrot ohne Rinde),
   alternativ 8 Scheiben American Sandwich
   ohne Rinde

Außerdem
2 Stück Frischhaltefolie (30 × 50 cm)

1 Die Gurke waschen, schälen und längs vierteln, beiseitestellen. Den Thunfisch in einem Sieb abtropfen lassen. Die Zwiebel schälen und in Würfel schneiden. Den abgetropften Thunfisch, Zwiebel, Mayonnaise und Basilikum in einen Mixbecher geben und mit dem Stabmixer fein pürieren (siehe auch Tipp). Mit Salz und Pfeffer abschmecken.

2 Die Brotscheiben auf der Arbeitsfläche mit einer Teigrolle so flach wie möglich rollen. Die Frischhaltefolie auf der Arbeitsfläche ausbreiten und jeweils 2 Brotscheiben nebeneinander darauflegen, sie sollten sich in der Mitte dabei etwa 1 cm überlappen. Die Brotscheiben gleichmäßig mit der Thunfischcreme bestreichen. Auf das untere Ende jeweils 2 Gurkenstreifen legen und die Brotscheiben mithilfe der Folie so straff wie möglich aufrollen. Ungefähr 30 Minuten kühl stellen, dann auswickeln und quer in 2–3 cm dicke Scheiben schneiden.

Auf Messers Schneide
Wenn Sie dieses Rezept zu Hause für die Fahrt vorbereiten, haben Sie sicher einen Stabmixer griffbereit. In der improvisierten Campingküche können Sie stattdessen alles mit einem Messer sehr fein hacken. Je nachdem, für welches Gericht Ihnen ein Stabmixer unterwegs fehlt, können Sie Zutaten alternativ auch mit einer Gabel zerdrücken oder durch ein Sieb pressen.

Für 4 Personen
Zubereitung etwa 20 Minuten

Knusper-Baguette mit Pute und Aprikosen

8 sehr dünne Putenbruststeaks
 (à 50 g, oder 4 Steaks à 100 g;
 vom Metzger flach klopfen lassen)
Salz
frisch gemahlener Pfeffer
1 EL Rapsöl
8 Scheiben Frühstücksspeck (Bacon)
1 Tasse Soft-Aprikosen
1 Stück Ingwer (3 cm)
1 rote Chilischote
6 Blätter Radicchio
2 EL Honig
1 TL Senf
1 EL Weißweinessig
4 EL Mayonnaise
1 Baguette (frisch vom Bäcker,
 etwa 50 cm, 8 cm Ø)

1 Die Steaks mit Salz und Pfeffer würzen. Das Öl in einer Pfanne erhitzen und die Steaks bei starker Hitze von jeder Seite 1 Minute braten. Herausnehmen, auf Küchenpapier abtropfen lassen und beiseitestellen. In derselben Pfanne den Frühstücksspeck von beiden Seiten goldbraun und knusprig braten, dann beiseitestellen.

2 Die Aprikosen sehr fein hacken. Den Ingwer schälen und fein reiben. Die Chilischote waschen, von den Samen befreien und fein hacken. Den Radicchio waschen und in sehr feine Streifen schneiden.

3 Aprikosen, Ingwer, Chili, Honig, Senf, Essig und Mayonnaise in einer Schale verrühren und mit Salz und Pfeffer abschmecken.

4 Das Baguette längs aufschneiden. Gleichmäßig mit der Aprikosenmayonnaise bestreichen. Den Radicchio darauf verteilen. Erst den Frühstücksspeck, dann die Putenbrust auf das Baguette geben. Zuklappen, gut andrücken und in vier gleich große Stücke schneiden. Sofort servieren oder für die Reise oder den Ausflug in Butterbrotpapier einwickeln.

Das gewisse Extra
Extrem lecker schmeckt es, wenn das belegte Baguette von jeder Seite etwa 1 Minute auf dem Grill geröstet wird. Auch Putenbrust und Bacon können auf dem Grill zubereitet werden.

Für 4 Personen
Zubereitung etwa 20 Minuten

Sandwiches mit Ricotta und Feigen

1 Stück Ingwer (3 cm)
1 Knoblauchzehe
200 g Ricotta
1 EL Olivenöl
¼ TL Chiliflocken
¼ TL getrockneter Oregano
1 Prise geriebene Muskatnuss
frisch gemahlener Pfeffer
Salz
4–5 getrocknete Tomaten (in Öl)
8 Scheiben American Sandwich
8 dünne Scheiben Parmaschinken
3 Feigen

1 Den Ingwer schälen und fein hacken. Die Knoblauchzehe schälen, fein hacken oder durchpressen. Den Ricotta in eine Schüssel geben und mit dem Öl verrühren, mit Ingwer, Knoblauch, Chiliflocken, Oregano, je 1 Prise Muskat und Pfeffer sowie Salz würzen. Die getrockneten Tomaten in ein Sieb geben, abspülen und abtropfen lassen. In kleine Würfel schneiden und unter den Ricotta heben.

2 Die Masse auf die Sandwichscheiben streichen und jeweils 1 Scheibe Parmaschinken darauflegen. Die Feigen schälen, in dünne Scheiben schneiden und auf den Schinken legen. Die Sandwichscheiben mit den belegten Seiten aufeinanderlegen und gut festdrücken.

3 Die Sandwiches auf dem Grillrost bei mittlerer Hitze von beiden Seiten goldbraun rösten. Alternativ können sie auf dem Herd oder Gaskocher zubereitet werden. Dafür 2 EL Olivenöl in einer Pfanne erhitzen und die Sandwiches darin bei mittlerer Hitze auf beiden Seiten goldbraun anbraten. Herausnehmen, die gefüllten Brote diagonal halbieren und sofort servieren – oder on the road kalt genießen.

Haben Sie 'ne Panne?
Auf vier Rädern umherzureisen macht unabhängig. Doch zickt der Wagen plötzlich, wird die Freiheit auf einmal rabiat eingeschränkt. Damit eine Panne die Urlaubsstimmung nicht verdirbt, sollten Sie über den Abschluss einer international gültigen Mitgliedschaft in einem Automobilclub nachdenken.

Für 4 Personen
Zubereitung etwa 10 Minuten

Erdbeer-Sandwich

100 g Erdbeeren
8 Marshmallows
4 EL Nussnugatcreme
8 Scheiben American Sandwich
3 EL gemahlene Mandeln

1 Die Erdbeeren putzen, waschen und in etwa 4 mm dicke Scheiben schneiden. Die Marshmallows in etwa 5 mm dicke Scheiben schneiden.

2 Die Nussnugatcreme gleichmäßig auf 4 Sandwich-scheiben verstreichen. Die Erdbeerscheiben in einer Lage darauf verteilen, die Marshmallowscheiben darübergeben. Abschließend gleichmäßig mit den Mandeln bestreuen und die verbliebenen Sandwichscheiben als Deckel darauflegen. Gut andrücken und vor dem Servieren diagonal halbieren.

Hurra, es sind noch Marshmallows da!
Die Marshmallows auf einen Holzspieß stecken (die Spieße vorher mindestens 30 Minuten wässern) und in Alufolie auf den Grill legen oder auf einen Stock spießen und über das Lagerfeuer halten, bis sie etwas Farbe annehmen. Danach einen Augenblick warten, um sie abkühlen zu lassen ... uuuuund – naschen!

Für 4 Personen · Zubereitung etwa 20 Minuten

Tramezzini mit Tahin und Tomate

3 Fleischtomaten
2 EL Olivenöl
Salz
frisch gemahlener Pfeffer
8 Scheiben Tramezzini-Weißbrot
   (ital. Weißbrot ohne Rinde)
1 Knoblauchzehe
4 EL Tahin (Sesammus)
2 TL Zitronensaft
2 Stängel Minze
1 Prise getrockneter Oregano

1 Die Tomaten waschen und in etwa 1 cm dicke Scheiben schneiden. Das Öl in einer Pfanne erhitzen. Die Tomatenscheiben darin bei mittlerer Hitze anbraten, dabei mit Salz und Pfeffer würzen. Währenddessen das Weißbrot im Toaster, Backofen oder auf dem Grillrost knusprig aufbacken. Den Knoblauch schälen, halbieren und die gerösteten Brotscheiben damit einreiben.

2 Tahin mit Zitronensaft glatt rühren und mit etwas Salz und Pfeffer abschmecken. 4 Brotscheiben gleichmäßig damit bestreichen. Die Tomatenscheiben darauf verteilen. Die Minze kalt abbrausen, trocken schütteln, die Blätter abzupfen und über die Tomaten streuen. Die Tramezzini mit Oregano würzen und mit den restlichen 4 Brotscheiben abdecken. Diagonal halbieren und servieren.

Tramezzini mit Ricotta und Coppa

1 Handvoll Rucola
4 EL Ricotta
8 Scheiben Tramezzini-Weißbrot
  (ital. Weißbrot ohne Rinde)
100 g Coppa (ital. luftgetr.
  Aufschnitt)
2 Tomaten
1 EL Balsamicoessig
1 EL Olivenöl
Salz
frisch gemahlener Pfeffer

1 Den Rucola waschen und gut abtropfen lassen. Alle Brotscheiben gleichmäßig mit Ricotta bestreichen, 4 Scheiben mit Coppa belegen.

2 Die Tomaten waschen, in etwa 4 mm dicke Scheiben schneiden und auf der Coppa verteilen. Jeweils mit einigen Tropfen Essig und Öl beträufeln und kräftig mit Salz und Pfeffer würzen. Den Rucola auf den Tomaten verteilen.

3 Die 4 Scheiben ohne Belag mit der bestrichenen Seite auf die Tomaten legen und gut andrücken. Die Tramezzini diagonal halbieren und servieren.

Für 4 Personen
Zubereitung etwa 25 Minuten

Schinken-Cheddar-Wraps mit Honig-Senf-Sauce

2 EL Joghurt
1 EL mittelscharfer Senf
2 EL Honig
Salz
frisch gemahlener Pfeffer
8 Scheiben Frühstücksspeck (Bacon)
1 kleines Römersalatherz
1 Handvoll Rucola
2 Tomaten
4 große Weizentortillas
4 Scheiben Cheddar
4 Scheiben Kochschinken

1 Joghurt, Senf und Honig in einer Schale verrühren und mit Salz und Pfeffer abschmecken. Eine Pfanne ohne Fett erhitzen. Den Bacon hineinlegen und bei mittlerer Hitze knusprig braten. Herausnehmen und auf Küchenpapier abtropfen lassen.

2 Den Salat längs halbieren und in dünne Streifen schneiden. Mit Rucola vermischen, waschen und abtropfen lassen. Die Tomaten waschen und in je 6 Scheiben schneiden. Die Tortillas nacheinander in einer Pfanne ohne Fett oder auf dem Grillrost bei mittlerer Hitze von jeder Seite 15 Sekunden erhitzen.

3 Auf jede Tortilla mittig etwas Salat und 3 Scheiben Tomate legen. 2 EL Dressing darüberträufeln. Je 1 Scheibe Cheddar und Schinken auf die Tomaten legen und mit 2 Scheiben Bacon belegen. Eine kurze Seite der Tortilla auf die Füllung klappen, danach die lange Seite einschlagen und die Tortilla möglichst straff aufrollen und servieren.

Extra lecker
Besonders gut schmecken die fertigen Wraps, wenn sie auf dem Grillrost knusprig geröstet werden. Geht auch in der Pfanne mit etwas Butter. Sehr lecker!

Für 2 Personen
Zubereitung etwa 15 Minuten

Pancakes ohne Ei

1 ¼ Tassen Mehl
1 Pck. Backpulver
3 EL Zucker
1 EL Vanillezucker
½ TL Salz
200 ml Milch
5 EL Rapsöl

Außerdem
Konfitüre oder Nussnugatcreme
   (nach Belieben)

1 Mehl, Backpulver, Zucker, Vanillezucker und Salz in einer Schüssel vermischen. Mit der Milch (alternativ mit Wasser oder Mandeldrink) zu einem glatten Teig verrühren.

2 Etwas Öl in einer Pfanne erhitzen. Pro Pancake 1 EL Teig in die Pfanne geben und bei mittlerer Hitze von jeder Seite etwa 1 Minute braten. Mit Konfitüre oder Nussnugatcreme servieren.

Frühstück aus der Tube
Unsere Pancake-Mischung lässt sich prima vorbereiten: In Quetschflaschen füllen, in der Kühlung lagern und morgens portionsweise direkt in die Pfanne spritzen. Macht keine Umstände und hungrige Camper morgens im Eiltempo satt.

Genial regional

Stellen Sie sich vor: Es ist früh am Morgen, Sie brechen zum Markt auf, die Sonne scheint, auf dem Platz herrscht geschäftiges Treiben. Ein farbenfroher Stand reiht sich an den nächsten. In den Auslagen entdecken Sie sonnengereifte, aromastarke Tomaten. Mmh ... da müssen Sie zugreifen!

Ob französisches Gemüse, spanische Wurst, italienischer Käse oder deutscher Wein – das regionale Einkaufen ist ein unvergessliches Urlaubserlebnis und ein Genuss für Ihre Sinne. Doch manches mag schon zu Hause mit ins Gepäck. Und anderes will sogar besonders behandelt und während des Trips ausschließlich gekühlt gelagert werden.

Alle Mann an Bord!

Ein paar Basics gehören als Grundausstattung in die mobile Vorratskammer – zum Beispiel Gewürze, Zwiebeln, Knoblauch, Öl, Mehl oder Kaffee (Packliste Seite 156). Spezialitäten wie regionale Köstlichkeiten, frisches Obst und Gemüse sollten Sie sich erst im

Urlaubsland besorgen. Die Dose Thunfisch, das Glas Bohnen oder andere Konserven können hingegen bereits aus der Heimat mit und müssen nicht einmal in die Kühlung – sehr praktisch!

Immer schön cool bleiben

Ein bisschen komplizierter wird es da bei Milchprodukten (es sei denn, es handelt sich um ungeöffnete H-Milch oder Mandelmilch), Fisch und Fleisch. Diese Lebensmittel halten sich nur über einen kurzen Zeitraum. Fisch und Fleisch können Sie bei Temperaturen von 2 °C bis 6 °C lagern. Halten Sie die Kühlkette ein und verpacken Sie Zutaten in der Kühlung luftdicht, um sie zu schützen. Ob sie noch in Ordnung sind, erkennen Sie an Geruch und Aussehen. Machen Sie vor dem Verzehr den Test: Frische Lebensmittel riechen neutral, Fleisch und Fisch sind fest, lassen sich nicht eindrücken und haben eine schöne Farbe. Da große Mengen in kleinen Campingküchen ohnehin keinen Platz haben, sollten Sie besser öfter einkaufen gehen und die Lebensmittel möglichst zügig verarbeiten.

Gut zu wissen: Haltbarkeit

Frischer Fisch: 1 Tag
Rindfleisch: 3 Tage
Kalb- und Schweinefleisch: 2 Tage
Geflügel: 1–2 Tage
Hackfleisch: am Einkaufstag verarbeiten

Aus der Kältekammer

Möchten Sie Getränke kalt stellen, reicht eine Kühlbox mit -akkus als Kältequelle. Doch je häufiger Sie die Box öffnen, desto schneller wird ihr Inhalt warm. Für Zutaten wie Wurst, Käse, Fleisch, Fisch oder angebrochene Saucen brauchen Sie eine leistungsfähigere Dauerlösung. Elektrisch betriebene Kühlboxen gibt es in unterschiedlichen Größen und Funktionsweisen.

Achten Sie beim Kauf darauf, wie geräuschintensiv die Box ist, ob sie sich für längere Reisen eignet und bei hohen Außentemperaturen konstant arbeitet. Erfragen Sie außerdem: Kann die Box mit der Autobatterie (12 V), dem Stromnetzbetrieb am Campingplatz (230 V) oder einer energiesparenden Solaranlage auf dem Dach betrieben werden? Wer sich alle Möglichkeiten offenhalten will, kauft ein Hybridkühlgerät, das auch mit Gas läuft, oder schafft sich direkt einen komfortablen Campingkühlschrank mit Mini-Gefrierfach an.

Hochstapler

Und so wird die Kühlbox ideal gepackt. Alles bleibt kalt und gleichzeitig trocken.

1. Schicht (ganz unten):
Gitter, damit nichts im Tauwasser liegt.

2. Schicht:
Gefrorene Wasserflaschen oder Kühlakkus, dazwischen viereckige Frischhalteboxen mit Inhalt.

3. Schicht:
Gitter, auf dem Käse, Wurst und Grillfleisch liegen – darüber weitere Kühlelemente platzieren.

Eier sollten immer gekühlt werden (siehe auch Tipp Seite 75).

Für 4 Personen
Zubereitung etwa 30 Minuten

Orangen-Avocado-Salat mit Dijonnaise-Dressing

Für das Dressing

1 Knoblauchzehe
2 EL Mayonnaise
1 EL grober Dijonsenf
2 EL Honig
3 EL Weißweinessig
3 EL Olivenöl
1 TL getrockneter Estragon
Salz
frisch gemahlener Pfeffer

Für den Salat

5 Orangen
1 Pink Grapefruit
1 Blutorange
1 kleine Fenchelknolle
2 rote Zwiebeln
2 Avocados
½ Bund Minze

1 Für das Dressing den Knoblauch schälen, fein hacken oder durchpressen. Knoblauch und restliche Zutaten für das Dressing in einer Schale mit dem Schneebesen glatt rühren. Mit Salz und Pfeffer abschmecken und zunächst beiseitestellen.

2 Von den Orangen, der Grapefruit und der Blutorange die Schale so mit einem Messer abschneiden, dass auch die weiße Haut entfernt wird. Die Früchte in etwa 5 mm dicke Scheiben schneiden und gemischt auf Tellern verteilen. Den Fenchel putzen, waschen und den Strunk herausschneiden. Den Fenchel dann in hauchdünne Streifen schneiden oder hobeln und auf den Zitrusfrüchten verteilen.

3 Die Zwiebeln schälen, halbieren, in dünne Streifen schneiden und auf dem Salat verteilen. Die Avocados halbieren, entsteinen, das Fruchtfleisch aus der Schale lösen und in Würfel schneiden. Auf dem Salat verteilen und alles gleichmäßig mit dem Dressing beträufeln. Die Minze kalt abbrausen, trocken schütteln und die Blätter abzupfen. Den Salat damit garnieren und servieren.

Für 4 Personen
Zubereitung etwa 20 Minuten · Ziehen etwa 1 Stunde

Brokkolisalat mit Cashews und Roquefortdressing

Für das Dressing

1 Knoblauchzehe
50 g Roquefort (alternativ anderer
  Blauschimmelkäse)
3 EL Weißweinessig
1 EL Zitronensaft
1 EL Zucker
1 Prise Cayennepfeffer
4 EL Olivenöl
2 EL Joghurt (3,5 %)

Für den Salat

1 kg Brokkoli
50 g Blaubeeren
1 rote Zwiebel
2 Stängel Minze
2 EL Sonnenblumenkerne
4 EL Cashewkerne
Salz
frisch gemahlener Pfeffer

1 Für das Dressing den Knoblauch schälen und fein hacken oder durchpressen. Den Roquefort fein zerbröseln und mit Knoblauch, Essig, Zitronensaft und Zucker in eine Schale geben. Den Roquefort mit einer Gabel zerdrücken, bis er sich fast vollständig aufgelöst hat. Mit den restlichen Zutaten für das Dressing in eine große Salatschüssel geben und mit dem Schneebesen glatt rühren.

2 Für den Salat den Brokkoli putzen, waschen und in sehr feine Röschen schneiden. Die Blaubeeren verlesen, waschen und abtropfen lassen. Die Zwiebel schälen, halbieren und in feine Streifen schneiden. Die Minze kalt abbrausen, trocken schütteln und die Blätter abzupfen.

3 Die Minzblätter grob hacken und den Brokkoli mit Minze, Zwiebel, Blaubeeren, Sonnenblumen- und Cashewkernen mischen. Das Dressing darübergeben und sorgfältig verrühren. Etwa 1 Stunde ziehen lassen, dann mit Salz und Pfeffer abschmecken und servieren.

Eat it all!

Was passiert mit dem Brokkolistrunk? Oft landet er unnötigerweise ohne Umwege im Bioabfall, dabei lässt er sich super zu einer Suppe verarbeiten. 500 g Brokkolistrunk schälen und klein schneiden, mit 250 g geschälten, geviertelten Kartoffeln und 750 ml Gemüsebrühe in einen Topf geben, 25 Minuten köcheln lassen und mit dem Stabmixer pürieren. 100 g Sahne dazugeben und mit Muskatnuss, Salz und Pfeffer abschmecken.

Grüner Spargelsalat mit Fetakäse

Für den Salat

1 Dose Kidneybohnen (255 g)
600 g grüner Spargel
200 g grüne Bohnen
2 Möhren
200 g Fetakäse

Für das Dressing

3 EL Sherryessig
1 EL Zucker
1 TL getrockneter Oregano
1 TL mittelscharfer Senf
4 EL Olivenöl
Salz
frisch gemahlener Pfeffer

1 Die Kidneybohnen in ein Sieb abgießen, abspülen und abtropfen lassen. Das holzige Ende der Spargelstangen abbrechen und die unteren 3 cm vom Stängel schälen. Die Spargelstangen schräg in 4–5 cm lange Stücke schneiden. Die Bohnen putzen, waschen und schräg in etwa 3 cm lange Stücke schneiden.

2 In einem Topf 1 l Salzwasser zum Kochen bringen und die Spargel- und Bohnenstücke darin 6 Minuten bissfest garen. Abgießen, mit kaltem Wasser abschrecken und in einem Sieb abtropfen lassen.

3 Die Möhren schälen, waschen und grob raspeln. Den Käse in etwa 1 cm große Würfel schneiden. Möhrenraspel, Käsewürfel, Kidneybohnen, Spargel und grüne Bohnen in einer Salatschüssel vermischen.

4 Die Zutaten für das Dressing in einer Schale verrühren und mit Salz und Pfeffer abschmecken. Den Salat damit beträufeln, auf vier Tellern anrichten und mit frischem Brot, Brötchen oder Fladenbrot servieren.

Für 4 Personen · Zubereitung etwa 25 Minuten

Tomaten-Mais-Salat mit Kichererbsen

1 Dose Mais (285 g)
1 Dose Kichererbsen (240 g)
1 Knoblauchzehe
3 EL Mascarpone
3 EL weißer Balsamicoessig
2 EL Honig
1 EL Mayonnaise
½ Bund Basilikum
Salz
frisch gemahlener Pfeffer
8 Tomaten
1 rote Zwiebel
8 Radieschen
3 Frühlingszwiebeln

1 Den Mais und die Kichererbsen abgießen, abspülen und abtropfen lassen. Den Knoblauch schälen, fein hacken oder durchpressen, mit Mascarpone, Essig, Honig und Mayonnaise in eine Salatschüssel geben und alles zu einer glatten Sauce verrühren. Das Basilikum kalt abbrausen, trocken schütteln und die Blätter abzupfen. Etwas klein schneiden, in die Salatsauce geben und die Sauce mit Salz und Pfeffer abschmecken.

2 Die Tomaten waschen, vierteln und von den Kernen befreien. Das Fruchtfleisch in 5 mm dicke Streifen schneiden. Die Zwiebel schälen, halbieren und in hauchdünne Streifen schneiden. Die Radieschen putzen, waschen, halbieren und in 2–3 mm dicke Scheiben schneiden. Die Frühlingszwiebeln putzen, waschen und in 5 mm breite Röllchen schneiden. Das geputzte Gemüse, Mais und Kichererbsen in die Salatsauce geben, alles behutsam unterheben, auf vier Teller verteilen und servieren.

Erdbeersalat mit Mozzarella

Für den Salat

100 g Mie-Nudeln
2 EL Butter
4 EL gehackte Mandeln
3 EL Sonnenblumenkerne
2 Handvoll junger Spinat
1 Römersalat
350 g Erdbeeren
100 g Parmesan
200 g Mini-Mozzarellakugeln

Für das Dressing

1 Knoblauchzehe
4 EL Zucker
6 EL Rotweinessig
4 EL Rapsöl
1 TL Paprikapulver
Salz
frisch gemahlener Pfeffer

1 Die Nudeln mit einem Messer in etwa 2 cm große Stücke hacken. Die Butter in einer großen Pfanne zerlassen. Nudeln, Mandeln und Sonnenblumenkerne darin bei mittlerer Hitze goldbraun anbraten. Vom Herd nehmen und abkühlen lassen.

2 Den Spinat putzen. Dafür die Blätter von den Stielen zupfen, große Blätter etwas klein zupfen, gründlich waschen und abtropfen lassen. Den Salat vierteln, den Strunk herausschneiden und die Blätter quer in etwa 5 mm dicke Streifen schneiden. Waschen und gut abtropfen lassen. Die Erdbeeren putzen, waschen und in 4 mm dicke Scheiben schneiden. Den Parmesan in feine Scheiben hobeln, den Mozzarella in ein Sieb abgießen und abtropfen lassen. Spinat, Salat, Erdbeeren, Parmesan und Mozzarella in einer Salatschüssel vermischen und beiseitestellen.

3 Für das Dressing den Knoblauch schälen und fein hacken oder durchpressen. Knoblauch, Zucker und Essig in einer Schale verrühren, bis sich der Zucker aufgelöst hat. Öl und Paprikapulver unterrühren und mit Salz und Pfeffer abschmecken. Den Salat mit dem Dressing mischen und auf vier Teller verteilen. Die knusprige Nudelmischung darüber streuen und servieren.

Im Schleudergang
Die Salatschleuder hat nicht ins Gepäck gepasst? Kein Problem: Salat können Sie in einem Geschirrtuch schleudern. In einem wiederverschließbaren Gefrierbeutel oder in ein feuchtes Geschirrtuch eingeschlagen, bleibt er gekühlt 2 bis 3 Tage frisch.

Couscous-Salat mit Grapefruitdressing

1 TL Instant-Gemüsebrühe
1 ⅓ Tassen Couscous
1 Lauchstange
2 Pink Grapefruits
100 g Kirschtomaten (1 Tasse)
½ Bund Basilikum
3 Stängel frische Minze
2 TL grober Dijonsenf
1 EL Honig
2 EL Weißweinessig
3 EL Olivenöl
Salz
frisch gemahlener Pfeffer

1 In einem Topf 210 ml Wasser mit der Brühe zum Kochen bringen. Den Couscous einrühren, den Topf vom Herd nehmen und 5 Minuten quellen lassen. Mit einer Gabel auflockern und weitere 5 Minuten quellen lassen.

2 Den Lauch putzen, längs vierteln und quer in etwa 5 mm breite Stücke schneiden. In reichlich Wasser gründlich waschen und abtropfen lassen. Von den Grapefruits die Schale so mit einem Messer abschneiden, dass auch die weiße Haut entfernt wird. Die Fruchtfilets zwischen den Trennhäuten herausschneiden. Dabei über einer Schale arbeiten und austretenden Saft auffangen. Nach dem Filetieren den restlichen Saft aus der Grapefruit pressen. Die Grapefruitfilets jeweils in drei Stücke schneiden. Die Kirschtomaten waschen und halbieren.

3 Basilikum und Minze kalt abbrausen, trocken schütteln und die Blätter abzupfen. Die Blätter fein hacken und mit dem Senf, Honig, Essig und Öl zum Grapefruitsaft geben. Zu einem Dressing verrühren und mit Salz und Pfeffer abschmecken.

4 Couscous, Lauch, Grapefruit und Kirschtomaten in einer Schüssel vermischen und mit dem Dressing beträufeln. Den Salat auf vier Teller verteilen und servieren.

Keep it simple
Campingbesteck können Sie in verschiedenen Ausführungen erwerben: als zusammenklappbare Lösung, als Set in einer faltbaren Tasche, als Kombination mit Karabinerhaken zum Befestigen oder – für Minimalisten – als Spork. Das ist ein einziges Besteckteil: an der einen Seite eine Gabel, an der anderen ein Löffel.

Für 4 Personen
Zubereitung etwa 40 Minuten

Gegrillter Radicchiosalat

Für das Dressing

4 EL Olivenöl
2 EL Sherryessig
2 TL mittelscharfer Senf
1 EL Honig
Salz

Für den Salat

1 kleiner roter Lollo rosso
1 Radicchio
6 Schalotten
2 EL Olivenöl
Salz
frisch gemahlener Pfeffer

1 Die Zutaten für das Dressing in eine kleine Schüssel geben und verrühren. Mit Salz abschmecken und beiseitestellen.

2 Den Lollo rosso putzen, in mundgerechte Stücke zupfen, gründlich waschen und gut abtropfen lassen. Vom Radicchio den Strunk herausschneiden, den Salatkopf halbieren und waschen. Die Salathälften sollten dabei an einem Stück bleiben.

3 Die Schalotten schälen und den Strunk herausschneiden. Mit 1 EL Olivenöl bepinseln, mit Salz und Pfeffer würzen und bei starker Hitze 5 Minuten rundherum grillen. Weitere 12 Minuten bei schwacher Hitze grillen, bis die Zwiebeln weich sind. Den Grill dabei mit einem Deckel verschließen. Die Schalotten vom Grill nehmen und beiseitelegen.

4 Den Radicchio mit dem restlichen Olivenöl (1 EL) einpinseln und mit Salz und Pfeffer würzen. Mit der Schnittfläche nach unten bei schwacher Hitze 2–3 Minuten im geschlossenen Grill garen, bis der Rand zu bräunen beginnt und knusprig wird. Vom Grill nehmen und etwas abkühlen lassen.

5 Den Lollo rosso auf vier Teller verteilen. Die Schalotten achteln und darübergeben. Den Radicchio in 1 cm dicke Streifen schneiden und gleichmäßig auf den Tellern verteilen. Alles mit dem Dressing beträufeln und servieren.

Für 4 Personen
Zubereitung etwa 40 Minuten · Ziehen etwa 20 Minuten

Country-Kartoffelsalat

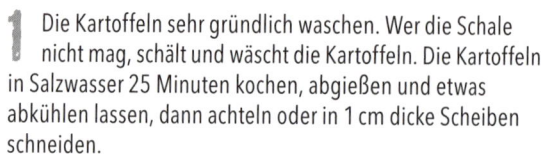

1,5 kg junge festkochende Kartoffeln
1 rote Paprikaschote
2 rote Zwiebeln
4 EL Rapsöl
3 EL Rotweinessig
4 EL Senf
1 EL Zucker
Salz
frisch gemahlener Pfeffer
½ Bund glatte Petersilie

1 Die Kartoffeln sehr gründlich waschen. Wer die Schale nicht mag, schält und wäscht die Kartoffeln. Die Kartoffeln in Salzwasser 25 Minuten kochen, abgießen und etwas abkühlen lassen, dann achteln oder in 1 cm dicke Scheiben schneiden.

2 In der Zwischenzeit die Paprika putzen und in 3 × 3 cm große Würfel schneiden. Die Zwiebeln schälen, halbieren und in feine Streifen schneiden.

3 Das Öl in einer großen Pfanne auf dem Gaskocher oder Grill erhitzen. Paprika und Zwiebeln unter Rühren bei mittlerer Hitze 2 Minuten anbraten. Die Kartoffeln in die Pfanne geben und weitere 6 Minuten mitbraten.

4 Essig, Senf und Zucker in einer großen Schüssel miteinander verrühren. Kartoffeln und Gemüse dazugeben und behutsam unterheben. Mit Salz und Pfeffer abschmecken und 20 Minuten ziehen lassen.

5 In der Zwischenzeit die Petersilie kalt abbrausen, trocken schütteln und samt Stängeln grob hacken. Zum Kartoffelsalat geben, unterheben. Den Salat noch einmal mit Salz und Pfeffer abschmecken und servieren.

Für 4 Personen
Zubereitung etwa 30 Minuten

Apfelsalat mit Spinat in Cranberrydressing

Für das Dressing

2 EL Orangenmarmelade
3 EL Weißweinessig
1 TL mittelscharfer Senf
Salz
frisch gemahlener Pfeffer
4 EL Rapsöl
3 EL getrocknete Cranberrys

Für den Salat

5 Handvoll junger Spinat
1 kleiner Kopf Radicchio
1 rote Zwiebel
3 EL Pekannüsse (alternativ Kürbiskerne)
2 Äpfel (z. B. Granny Smith)

1 Marmelade, Essig, Senf, 1 TL Salz und 2 Prisen Pfeffer in einer Salatschüssel miteinander verrühren, bis das Salz sich aufgelöst hat. Das Öl und die Cranberrys dazugeben und verrühren.

2 Den Spinat putzen, dafür die Blätter von den Stielen zupfen. Große Blätter etwas klein zupfen, alle gründlich waschen und abtropfen lassen. Den Radicchio vierteln, den Strunk herausschneiden und die Blätter quer in 5 mm dicke Streifen schneiden. Die Zwiebel schälen, halbieren und in hauchdünne Streifen schneiden. Die Pekannüsse grob hacken. Die Äpfel waschen, vierteln und entkernen. Quer in 2–3 mm dicke Scheiben schneiden.

3 Spinat, Radicchio, Zwiebelstreifen und Äpfel in die Salatschüssel geben und mit dem Dressing vermischen. Den Salat bei Bedarf noch mit Salz und Pfeffer abschmecken und auf vier Teller verteilen. Mit den gehackten Nüssen bestreuen und servieren.

Entdeckungsreise

Einkaufen im Ausland macht wesentlich größeren Spaß als zu Hause. Endlich ist bei den Besorgungen keine Hektik angesagt und im Supermarkt gibt es regionale Besonderheiten zu bestaunen. In den Regalen stehen Produkte, die Ihnen in der Heimat bisher nie begegnet sind. Greifen Sie zu! Fragen Sie auf dem Campingplatz zudem nach Wochenmärkten in der Region. Dort warten überraschende Schätze auf Sie.

Draußen kochen – ein Erlebnis

Ihr Essen unter freiem Himmel auf einer improvisierten Kochstelle zu kreieren, bietet Ihnen ein riesengroßes Stück Freiheit. Denn erst das Zubereiten mit dem Kocher macht Camping zu dem, was es ist – zu einem echten Outdoor-Abenteuer!

Campingkocher gibt es wie Sand am Meer, weshalb die Entscheidung bei der Anschaffung oft schwerfällt. Welcher wirklich der beste ist? Da hat jeder Camper seine eigenen Vorstellungen und fachsimpelt darüber leidenschaftlich gern. Entscheidend für Ihre Wahl ist, welche Bedürfnisse das Gerät erfüllen soll.

Gaskocher – sicher, sauber & unkompliziert

Um Ihrem Essen einzuheizen, können verschiedene Brennmaterialien herhalten. Beliebt bei Campern sind Gaskocher in allen möglichen Größen mit ein oder zwei Flammen, die entweder mit Butan, Propan oder einem Gemisch aus beidem betrieben werden. Die Handhabung ist absolut easy! Es gibt Stechgas- oder Ventilgaskartuschen mit Schraub- oder Klickanschluss. Ein Gaskocher ist nicht schwer, er wiegt durchschnittlich 77 Gramm. Stärker ins Gewicht fallen die Kartuschen, von denen Sie zur Sicherheit Ersatz dabeihaben sollten. Energiesparende Lösungen sind in der Outdoorszene besonders begehrt, denn je geringer der Verbrauch, desto weniger Nachschub muss ins Gepäck. Sind Sie ausreichend mit Gas versorgt, werden Sie mit einer zuverlässigen Funktionsweise und einer hohen Leistung belohnt. Ein Liter Wasser kocht nach etwa 5 Minuten.

Benzinkocher – stets verfügbar

Nur wenn es richtig kalt ist, dann könnte die Leistung des Gaskochers mal nachlassen. Benzinkocher sind selbst bei eisigen Temperaturen leistungsstark. Ein weiterer Vorteil: Benzin gibt es überall zu kaufen. Die Campingkocher sind jedoch nicht so komfortabel anzuwenden, riechen stärker und müssen stets gründlich gereinigt werden. Eine Lösung für Weltreise oder Expedition ist der Mehrstoffkocher: Er ist sowohl für den Betrieb mit Benzin als auch mit Gas konstruiert.

Sonst noch was?

Als relativ zuverlässig gilt außerdem der Spirituskocher. Allerdings lässt er sich nicht so gut regulieren, verfügt nur über eine mittlere Heizleistung und die Töpfe können verrußen. Trockenbrennstoff-Kocher, die mit tablettenförmigem Esbit laufen, sind klein und leicht. Sie eignen sich für schlichte, aufzuwärmende Mahlzeiten. Elektrokocher betreiben Sie ausschließlich mit einem Stromanschluss auf dem Campingplatz. Sie sind sehr einfach in der Bedienung, funktionieren wie ein normaler Herd, schränken aber extrem ein.

Fünf praktische Campingkocher-Tipps

1. Vor Reiseantritt die Bedienungsanleitung lesen und üben.
2. Zusätzlich eine Windschutzvorrichtung besorgen.
3. Geräte im Freien verwenden (außer wenn sie ausdrück-lich für Innenräume geeignet sind).
4. Kocher sicher stehend aufbauen.
5. Topfdeckel nicht vergessen – das spart Energie.

Entscheidungshilfe für den Kauf

Stellen Sie sich folgende Fragen und lassen Sie sich entsprechend beraten:

Wohin reise ich? Nicht in jedem Land (vor allem außerhalb Europas) gibt es passende Gaskartuschen zu kaufen.

Wie komme ich von A nach B? Brennbare Stoffe wie Gas, Benzin oder Spiritus sind im Flugzeug verboten.

Wo koche ich vor Ort? Auf der Trekkingtour im Himalaya-Gebirge herrschen andere Bedingungen als auf dem französischen Familien-Campingplatz.

Wie viel darf mein Gepäck wiegen? Wählen Sie Anzahl und Gewicht von Kocher und Kartuschen danach aus.

Fettuccine »Alfredo«

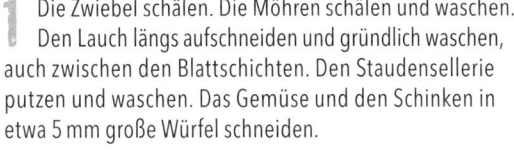

1 Zwiebel
2 Möhren
1 Lauchstange
3 Stangen Staudensellerie
200 g Kochschinken
2 EL Butter
2 Tassen Sahne
2 TL Speisestärke
500 g Fettuccine
100 g Parmesan
½ Bund glatte Petersilie
Salz
frisch gemahlener Pfeffer

1 Die Zwiebel schälen. Die Möhren schälen und waschen. Den Lauch längs aufschneiden und gründlich waschen, auch zwischen den Blattschichten. Den Staudensellerie putzen und waschen. Das Gemüse und den Schinken in etwa 5 mm große Würfel schneiden.

2 Die Butter in einem Topf bei mittlerer Hitze zerlassen. Gemüse und Schinkenwürfel dazugeben und unter Rühren 3 Minuten anschwitzen. Die Sahne hinzufügen, die Speisestärke mit 100 ml Wasser verrühren und dazugeben. Bei schwacher Hitze unter gelegentlichem Rühren 15 Minuten köcheln lassen.

3 Während die Sauce kocht, in einem zweiten Topf 2 l Salzwasser zum Kochen bringen. Die Fettuccine darin nach Packungsangabe bissfest garen.

4 In der Zwischenzeit den Parmesan fein reiben, die Petersilie kalt abbrausen, trocken schütteln und die Blätter abzupfen. Grob hacken und zusammen mit dem Parmesan am Ende der Garzeit in die Sauce geben. Verrühren und mit Salz und Pfeffer abschmecken.

5 Die Fettuccine abgießen, kurz abtropfen lassen und auf vier Teller verteilen. Mit der Sauce servieren.

One-Pot-Pasta
Sie möchten Pasta in nur einem Topf kochen? Die One-Pot-Küche macht's möglich. Gehen Sie dazu einfach wie oben beschrieben vor und geben Sie vor dem Einköcheln in Schritt 2 zusätzlich die Nudeln in den Topf. Mit Gemüsebrühe aufgießen, bis alle Zutaten gut bedeckt sind und dann alles bei mittlerer Hitze garen, dabei gelegentlich umrühren. Kocht die Pasta währenddessen zu stark ein, noch etwas Wasser hinzufügen.

Für 4 Personen
Zubereitung etwa 35 Minuten

Pasta Bolognese alla Nonna

1 Zwiebel
1 Knoblauchzehe
2 EL Olivenöl
250 g Rinderhackfleisch
400 g passierte Tomaten (Tetra Pak)
3 EL Zucker
2 TL Chiliflocken
Salz
400 g Spaghetti
100 g Hartkäse nach Belieben und Angebot
  (z. B. Parmesan, Pecorino, Greyerzer)
½ Bund Basilikum

1 Die Zwiebel schälen und in feine Würfel schneiden. Den Knoblauch schälen, fein hacken oder durchpressen. Das Öl in einem Topf erhitzen. Das Hackfleisch darin bei starker Hitze etwa 5 Minuten krümelig anbraten. Zwiebeln und Knoblauch dazugeben und 2 Minuten mitbraten.

2 Die passierten Tomaten in den Topf geben, mit Zucker und Chiliflocken würzen und alles sorgfältig verrühren. Den Topf mit einem Deckel verschließen. Bei schwacher Hitze 15 Minuten köcheln lassen, dabei gelegentlich umrühren.

3 Während die Sauce kocht, in einem zweiten Topf 2 l Salzwasser zum Kochen bringen. Die Spaghetti darin nach Packungsangabe bissfest garen.

4 In der Zwischenzeit den Käse grob reiben und das Basilikum kalt abbrausen, trocken schütteln und die Blätter abzupfen. Die Blätter etwas klein schneiden und in die Sauce geben. Die Sauce mit Salz abschmecken.

5 Die Spaghetti in ein Sieb abgießen, kurz abtropfen lassen und auf vier Teller verteilen. Mit der Sauce und dem Käse servieren.

Auf Umwegen die Welt erkunden!
Haben Sie es eilig anzukommen, ist die Autobahn meist die schnellste Route. Möchten Sie aber von Ihrem Urlaubsort möglichst viel sehen, empfehlen wir, ab und zu eine alternative Strecke zu nehmen. Manche Landstraßen bieten atemberaubende Ausblicke und ungeahnte Abzweigungen in Hinterland-Paradiese.

Für 4 Personen
Zubereitung etwa 1 Stunde 20 Minuten

Gulasch mit Paprika und Kartoffeln

3 Zwiebeln
2 rote Paprikaschoten
2 Knoblauchzehen
2 EL Rapsöl
500 g gemischtes Gulasch von Rind
   und Schwein
Salz
frisch gemahlener Pfeffer
2 EL Mehl
2 EL Tomatenmark
1 EL Instant-Fleischbrühe
1 TL Kümmel
2 TL Paprikapulver
8 mittelgroße, festkochende Kartoffeln
4 EL saure Sahne

1 Die Zwiebeln schälen und in Würfel schneiden. Die Paprika von den Samen befreien, waschen und in 3 cm große Würfel schneiden. Den Knoblauch schälen, fein hacken oder durchpressen.

2 Das Öl in einem Topf erhitzen. Das Fleisch mit Salz und Pfeffer würzen und im Öl bei starker Hitze 8 Minuten rundherum kräftig braun anbraten. Die Zwiebelwürfel dazugeben und bei mittlerer Hitze weitere 5 Minuten braten. Knoblauch und Mehl einrühren und 1 Minute anschwitzen, dann das Tomatenmark unterrühren und 3 Minuten rösten.

3 Mit 400 ml kaltem Wasser aufgießen, Brühe, Kümmel und Paprikapulver dazugeben und mit geschlossenem Deckel bei schwacher Hitze 40 Minuten schmoren. Dann die Paprika in den Topf geben und weitere 20 Minuten schmoren.

4 In der Zwischenzeit die Kartoffeln schälen, waschen, vierteln und in einen Topf geben. Mit Wasser bedecken, mit 1 TL Salz würzen und 20 Minuten garen, dann abgießen.

5 Das Gulasch mit Salz und Pfeffer abschmecken und auf vier Teller verteilen. Mit je 1 EL saurer Sahne garnieren und mit den Kartoffeln servieren.

Für 2 Personen · Zubereitung etwa 35 Minuten

Würstchen-Lauch-Pfanne mit Kartoffeln

400 g festkochende Kartoffeln
1 Lauchstange
2 rote Zwiebeln
1 große Fleischtomate
2–4 Debreziner Würste
   (etwa 150 g; alternativ
   regionale Wurstsorte)
1 EL Butter
4 EL Schmelzkäsezubereitung
   mit Kräutern
Salz
frisch gemahlener Pfeffer

1 Die Kartoffeln schälen, waschen, halbieren und in etwa 4 mm dicke Scheiben schneiden. Den Lauch putzen, längs aufschneiden und gründlich waschen, auch zwischen den Blattschichten. Anschließend quer in dünne Streifen schneiden. Die Zwiebeln schälen, halbieren und in dünne Streifen schneiden. Die Tomate waschen und in 2 cm große Würfel schneiden. Die Würste in 1 cm dicke Scheiben schneiden.

2 Die Butter in einer großen Pfanne erhitzen. Kartoffeln und Würste darin bei mittlerer Hitze 5 Minuten unter Rühren anbraten. Lauch und Zwiebeln dazugeben und 3 Minuten mit anschwitzen. Die Tomatenwürfel in die Pfanne geben, untermischen und alles weitere 10 Minuten bei mittlerer Hitze garen. Dabei gelegentlich umrühren. Am Ende den Schmelzkäse unterrühren, bis er sich vollständig aufgelöst hat. Mit Salz und Pfeffer abschmecken, auf zwei Teller verteilen und servieren.

Für 4 Personen · Zubereitung etwa 20 Minuten

Croque Madame

2 TL Dijonsenf
2 EL Crème fraîche
8 Scheiben Kastenweißbrot
4 Scheiben gekochter Schinken
4 Scheiben Greyerzer
4 EL Butter
4 Eier (M)
Salz
frisch gemahlener Pfeffer

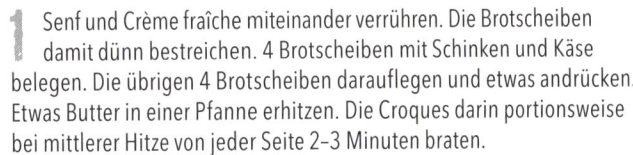

1 Senf und Crème fraîche miteinander verrühren. Die Brotscheiben damit dünn bestreichen. 4 Brotscheiben mit Schinken und Käse belegen. Die übrigen 4 Brotscheiben darauflegen und etwas andrücken. Etwas Butter in einer Pfanne erhitzen. Die Croques darin portionsweise bei mittlerer Hitze von jeder Seite 2–3 Minuten braten.

2 Inzwischen in einer zweiten Pfanne 1 EL Butter erhitzen und die Eier darin zu Spiegeleiern braten. Mit Salz und Pfeffer würzen. Croques auf vier Teller verteilen, die Spiegeleier darauf anrichten und servieren.

Müssen Eier eigentlich in den Kühlschrank?
Klar, in der Campingküche ist wenig Platz – Eier sollten Sie trotzdem im Kühlschrank lagern. Ungewaschen sind Eier durch ihre natürliche Schutzschicht nach dem Legen zwar für 18 Tage ungekühlt haltbar, doch gehen Sie unterwegs lieber auf Nummer sicher und kühlen sie sofort. Waren Eier einmal in der Kühlung, darf die Kühlkette nicht mehr unterbrochen werden.

Für je 2 Personen
Zubereitung je etwa 20 Minuten

Dreierlei Omelett-Variationen

Spanisches Omelett

100 g Chorizo
1 rote Paprikaschote
1 mittelgroße vorwiegend festkochende
  Kartoffel
6 Eier (M)
Salz
frisch gemahlener Pfeffer
2 EL Butter

1 Die Chorizo in kleine Würfel schneiden. Die Paprika von den Samen befreien, waschen und in kleine Würfel schneiden. Die Kartoffel schälen und in kleine Würfel schneiden. 3 Eier in eine Schale aufschlagen, mit etwas Salz und Pfeffer würzen und mit einer Gabel leicht verquirlen.

2 1 EL Butter in einer Pfanne (24 cm Ø) bei mittlerer Hitze aufschäumen lassen. Die Hälfte der Chorizo-Mischung hineingeben und unter gelegentlichem Rühren 6 Minuten braten. Die verquirlten Eier hinzugeben und durch Schwenken in der Pfanne verteilen. Abdecken und das Omelett etwa 3 Minuten backen. Behutsam mit einem Pfannenwender zusammenklappen und weitere 3 Minuten abgedeckt garen.

3 Auf einen Teller gleiten lassen und warm halten. Aus der restlichen Chorizo-Mischung und den übrigen Eiern ein weiteres Omelett backen, wie oben beschrieben.

Österreichisches Omelett (Frigga)

100 g Bergkäse
100 g durchwachsener Speck
6 Eier (M)
Salz
frisch gemahlener Pfeffer

1 Den Käse grob reiben. Den Speck in Streifen schneiden. Die Hälfte des Specks in einer Pfanne (24 cm Ø) ohne Fett bei mittlerer Hitze rundum knusprig anbraten.

2 3 Eier in eine Schale aufschlagen, mit etwas Salz und Pfeffer würzen und mit einer Gabel leicht verquirlen. Die Eiermasse und die Hälfte des Käses in die Pfanne geben und durch Schwenken verteilen. Die Pfanne abdecken und das Omelett 3 Minuten backen. Behutsam mit einem Pfannenwender zusammenklappen und weitere 3 Minuten abgedeckt garen.

3 Auf einen Teller gleiten lassen und warm halten. Aus den restlichen Zutaten ein weiteres Omelett backen, wie oben beschrieben.

Schwedisches Omelett

200 g gekochte Eismeergarnelen in Lake
½ Bund Dill
1 Knoblauchzehe
2 EL Olivenöl
6 Eier (M)
Salz
frisch gemahlener Pfeffer

1 Die Eismeergarnelen in ein Sieb abgießen, abwaschen und abtropfen lassen. Den Dill kalt abbrausen, trocken schütteln und fein hacken. Den Knoblauch schälen, fein hacken oder durchpressen und mit dem Olivenöl verrühren. 3 Eier in eine Schale aufschlagen, mit etwas Salz und Pfeffer würzen und mit einer Gabel leicht verquirlen.

2 In einer Pfanne (24 cm Ø) 1 EL Knoblauchöl erhitzen und die Hälfte der Eismeergarnelen darin bei mittlerer Hitze rundum anbraten. Die verquirlten Eier hinzugeben und durch Schwenken in der Pfanne verteilen. Die Pfanne abdecken und das Omelett 3 Minuten backen. Behutsam mit einem Pfannenwender zusammenklappen und weitere 3 Minuten abgedeckt garen.

3 Auf einen Teller gleiten lassen und warm halten. Aus den restlichen Garnelen und Eiermasse in der übrigen Butter ein weiteres Omelett backen, wie oben beschrieben. Die fertigen Omeletts mit gehacktem Dill bestreuen und sofort servieren.

Käse-Gemüse-Nocken

1 Möhre
100 g Zuckerschoten
200 g Gouda
2 Tassen Mehl
1 TL gemahlene Kurkuma
Salz
frisch gemahlener Pfeffer
2 EL Instant-Gemüsebrühe

1 Die Möhre schälen, waschen und auf der Reibe grob raspeln. Die Zuckerschoten putzen, waschen, längs halbieren, dann quer in 5 mm breite Stücke schneiden. Den Gouda grob reiben.

2 Das Mehl in einer Schüssel mit 200 ml Wasser verrühren. Käse, Kurkuma, 1 TL Salz, 2 Prisen Pfeffer und das Gemüse dazugeben und mit den Händen zu einem Teig verarbeiten. 15 Minuten quellen lassen.

3 In der Zwischenzeit in einem Topf 1,5 l Wasser zum Kochen bringen und die Brühe darin auflösen. Die Temperatur reduzieren, mit zwei Teelöffeln etwas von der Masse abstechen und ins siedende Wasser geben. Wenn die gesamte Masse verarbeitet ist, etwa 12 Minuten bei mittlerer Hitze ziehen lassen. Die Nocken auf zwei Teller verteilen und mit etwas Brühe servieren.

Alternative aus der Pfanne

Aus der Masse kann man in der Pfanne Gemüse-Käse-Fladen zubereiten. Dafür etwas Öl erhitzen, pro Fladen etwa 1 EL der Masse in die Pfanne geben und bei mittlerer Hitze von jeder Seite 4 Minuten braten.

Griechische Nudelpfanne

100 g Orzo (reisförmige Nudeln)
1 rote Zwiebel
1 Knoblauchzehe
1 Aubergine
1 Zucchini
3 Tomaten
3 EL Olivenöl
200 g Fetakäse
2 TL Oregano
½ TL Thymian
Salz
frisch gemahlener Pfeffer

1 Die Nudeln in einem Topf mit 0,5 l Salzwasser nach Packungsangabe garen. In ein Sieb abgießen, kalt abspülen und abtropfen lassen.

2 Die Zwiebel schälen und in feine Würfel schneiden. Den Knoblauch schälen, fein hacken oder durchpressen. Aubergine und Zucchini putzen, waschen und in etwa 2 cm große Würfel schneiden. Die Tomaten waschen und achteln.

3 Das Öl in einer großen Pfanne erhitzen. Auberginen- und Zucchiniwürfel darin bei starker Hitze unter Rühren 3 Minuten anbraten. Die Temperatur auf mittlere Hitze herunterschalten. Zwiebel und Knoblauch zum Gemüse in die Pfanne geben und weitere 3 Minuten braten. Die Tomaten hinzufügen, mit 4 EL Wasser ablöschen, die Temperatur auf schwache Hitze reduzieren und alles weitere 10 Minuten garen.

4 In der Zwischenzeit den Feta in 2 cm große Würfel schneiden. Nudeln, Feta, Oregano und Thymian zum Gemüse in die Pfanne geben und 2 Minuten erwärmen. Bei Bedarf 1–2 EL Wasser dazugeben, damit die Nudeln nicht anbrennen. Mit Salz und Pfeffer abschmecken und servieren.

Gemüselieblinge für unterwegs
In Kühlboxen herrscht chronischer Platzmangel. Bei der Gemüseauswahl bevorzugen wir aus diesem Grund Lebensmittel, die sich in der Kälte ohnehin nicht so wohlfühlen – Tomaten, Zucchini oder Auberginen zum Beispiel. Den Platz in der Kühlbox halten wir für leicht Verderbliches wie Fisch, Fleisch oder Milchprodukte frei.

Gemüseeintopf mit Gnocchi

4 Möhren
2 Kohlrabi
2 Zwiebeln
3 Stangen Staudensellerie
100 g Frühstücksspeck (Bacon)
3 EL Instant-Gemüsebrühe
1 Pck. Kartoffelgnocchi (400 g)
½ Bund Petersilie
Salz
frisch gemahlener Pfeffer

1 Die Möhren und den Kohlrabi schälen, waschen und in etwa 1 cm große Würfel schneiden. Die Zwiebeln schälen und fein würfeln. Den Staudensellerie putzen, waschen und in 1 cm lange Stücke schneiden. Den Speck in etwa 5 mm breite Streifen schneiden.

2 Einen Topf ohne Fett erhitzen. Den Speck darin bei mittlerer Hitze unter Rühren 3 Minuten anbraten. Möhren, Kohlrabi, Zwiebeln und Staudensellerie dazugeben und 3 Minuten im ausgetretenen Fett anschwitzen.

3 Mit 1,5 l Wasser aufgießen, die Brühe einrühren und zum Kochen bringen. Unter gelegentlichem Rühren bei mittlerer bis schwacher Hitze 20 Minuten köcheln lassen. Nach 10 Minuten die Gnocchi dazugeben und mitgaren.

4 In der Zwischenzeit die Petersilie kalt abbrausen, gut trocken schütteln, abzupfen und grob hacken. Die Petersilie in den fertigen Eintopf geben, alles mit Salz und Pfeffer abschmecken, auf vier Teller verteilen und servieren.

Ab in die Thermoskanne!

Sie sind zu Fuß in den Bergen unterwegs oder düsen gerne mit dem Fahrrad über Stock und Stein? Wer im Campingurlaub so aktiv ist, den packt irgendwann beim Wandern oder auf der Radltour natürlich auch der Bärenhunger. Am besten stillen Sie diesen mit dem vorbereiteten Gemüseeintopf aus einem Isoliergefäß. Dazu einfach das fertige Gericht noch heiß in eine geeignete Thermoskanne füllen, bei der Rast genießen – und dann geht's gestärkt weiter.

Blumenkohl-Käse-Kroketten

Für die Kroketten

1 mittelgroßer Blumenkohl (etwa 1 kg)
1 Zwiebel
150 g Comté
½ Bund Petersilie
2 Eier (M)
1 ½ Tassen Weißbrotbrösel
   + etwas mehr, wenn nötig
geriebene Muskatnuss
Salz
1 l Rapsöl

Für die Sauce

1 Zwiebel
1 Bund Schnittlauch
1 EL Butter
1 EL Mehl
1 EL Zitronensaft
200 ml Milch
geriebene Muskatnuss
Salz

1 Den Blumenkohl in kleine Röschen zerteilen, waschen und in Salzwasser etwa 15 Minuten weich kochen. In ein Sieb abgießen, dabei 200 ml vom Kochwasser auffangen. Den Blumenkohl abtropfen und 10 Minuten abkühlen lassen.

2 In der Zwischenzeit die Zwiebel schälen und fein würfeln. Den Käse grob reiben. Die Petersilie kalt abbrausen, trocken schütteln, abzupfen und grob hacken. Den Blumenkohl in eine Schüssel geben und mit einer Gabel oder einem Kartoffelstampfer zerdrücken. Zwiebel, Käse, Petersilie, Eier und Weißbrotbrösel dazugeben und zu einer Masse verarbeiten. Mit Muskat und Salz abschmecken. Bei Bedarf mehr Weißbrotbrösel einarbeiten, bis die Masse fest und formbar ist. Mit den Händen etwa 20 gleich große Kroketten formen und beiseitelegen.

3 Für die Sauce die Zwiebel schälen und fein würfeln. Den Schnittlauch kalt abbrausen, gut trocken schütteln und in feine Röllchen schneiden. Die Butter in einem Topf bei mittlerer Hitze zerlassen, das Mehl einrühren und 30 Sekunden anschwitzen. Mit Zitronensaft, Milch und dem aufgefangenen Kochwasser aufgießen und unter Rühren aufkochen. Zwiebel und Schnittlauch hinzufügen, dann 2 Minuten bei schwacher Hitze köcheln lassen.

4 Während dieser Zeit in einem weiteren Topf das Öl erhitzen. Die Blumenkohlkroketten darin bei mittlerer Hitze frittieren, bis sie goldbraun sind. Herausnehmen und auf Küchenpapier abtropfen lassen.

5 Die Sauce mit Muskat und Salz abschmecken und zu den Kroketten servieren.

Mal was anderes?
Statt Kroketten in Öl auszubacken, kann man aus der Masse auch Fladen formen und sie in der Pfanne in heißem Öl bei mittlerer Hitze von jeder Seite 3–4 Minuten braten.

Krautfleckerl mit Speck

1 Kopf Weißkohl (etwa 500 g)
2 Zwiebeln
150 g durchwachsener Speck
Salz
100 g Schmalz
1 TL Zucker
400 g Fusilli
½ TL Kümmel
1 TL Paprikapulver
frisch gemahlener Pfeffer

1 Den Kohl vierteln und den Strunk schräg abschneiden. Den Kohl in etwa 2 cm große Würfel schneiden, waschen und in einem Sieb abtropfen lassen. Die Zwiebeln schälen und würfeln. Den Speck in kleine Würfel schneiden. In einem Topf für die Nudeln 2 l Salzwasser zum Kochen bringen.

2 Bis das Nudelwasser kocht, das Schmalz in einer großen Pfanne zerlassen. Speck und Zwiebeln darin bei mittlerer Hitze goldbraun anbraten. Den Kohl dazugeben und etwa 12 Minuten braten. Den Zucker darüberstreuen, umrühren und leicht karamellisieren lassen.

3 Die Nudeln im kochenden Wasser nach Packungsangabe bissfest garen.

4 Das Gemüse mit Kümmel und Paprika würzen und mit Salz und Pfeffer abschmecken. Die Nudeln in ein Sieb abgießen, kurz abtropfen lassen und mit dem Kohl in der Pfanne mischen. Auf vier Teller verteilen und servieren.

One-Pot-Variante
Steht nur eine Flamme zur Verfügung, kann das Kraut in dem Topf zubereitet werden, in dem auch die Nudeln gekocht wurden. Diese am Ende einfach wieder hinzufügen, alles verrühren und genießen.

Born to be wild

Ab in die Wildnis!

Erkundigen Sie sich auf Ihrer Suche nach der Nähe zur Natur genau, wo Sie Ihr Zelt aufschlagen dürfen. In manchen Ländern (z. B. Spanien) ist Wildcampen verboten, andere Länder (z. B. Schweden) gehen entspannt damit um. Bei Übernachtungen in einem Nationalpark checken Sie vorher, ob die Anzahl der Besucher pro Tag begrenzt ist, wo Sie Feuer machen dürfen und wie es um Ihre Wasservorräte steht.

Was Wildcamper brauchen

Mit dem Auto, Rad oder zu Fuß unterwegs? Beim Wildcampen macht das einen gigantischen Unterschied. Wenn Sie Zelt, Schlafsack und die gesamte Kochausstattung im Rucksack tragen, beschränken Sie sich auf das absolute Minimum. Es wird ausschließlich eingepackt, was ein kleines Packmaß und ein geringes Gewicht besitzt. Alles muss funktional, ultraleicht und am besten wasserfest sein.

Abenteuerlustige Zutaten

Wildcamper haben in der Regel sehr begrenzte Möglichkeiten (z. B. Erdloch oder Bachlauf), um Lebensmittel zu kühlen. Und natürlich gar keine Lust, jede Menge Zeug in die Wildnis zu tragen. Für den Energie-Kick zwischendurch sind handliche, haltbare Snacks (Rezepte ab Seite 24) optimal. Den großen Hunger stillen Sie in freier Wildbahn mit selbst gemachten Instant-Gerichten (Rezepte Seite 90) – für die benötigen Sie vor Ort nur noch heißes Wasser. Produkte wie Milchpulver, Knoblauchgranulat oder gefriergetrocknete Zwiebeln bekommen Sie im Supermarkt. Gefriergetrocknetes Fleisch und andere extravagante Zutaten gibt's im Spezialhandel oder im Internet.

Überleben in der Natur

Sie möchten sich voll und ganz auf die Natur besinnen? Informieren Sie sich intensiv, sodass Sie sich bei Reiseantritt bereits hervorragend auskennen. Zwar ist Wassertragen wirklich schwer (1 l wiegt 1 kg), aber »wildes« Wasser kann gesundheitsschädigend sein, wenn es nicht an der richtigen Stelle entnommen, abgekocht oder fachgerecht gefiltert wurde. Verzehren Sie gesammelte Beeren, Pilze und Kräuter nur, wenn Sie diese eindeutig erkannt und zu 100 Prozent als ungiftig identifiziert haben.

Wilde Küche

Das sollten Sie beim Kochen über dem Lagerfeuer beachten:

- Verwenden Sie trockenes Holz als Brennmaterial.
- Bevor Sie mit dem Kochen starten, das Feuer brennen lassen, bis sich das Brennmaterial weiß gefärbt hat. Kochen Sie nicht über hochschlagenden Flammen!
- Benutzen Sie zum Kochen eine Pfanne aus Gusseisen ohne Plastikteile. Legen Sie zum Grillen einen Rost über die Glut.
- Bereiten Sie Ihre Zutaten effektiv vor, denn beim Kochen über dem Lagerfeuer geht's heiß her und in Minutenschnelle voran.
- Nutzen Sie alle Zonen des Feuers: Verschiedene Zubereitungen gelingen über kleinen Flammen, in der Glut oder der Asche.
- Machen Sie die Garprobe: Wie lange das Essen braucht, hängt von der Hitze und dem Abstand zur Glut ab.

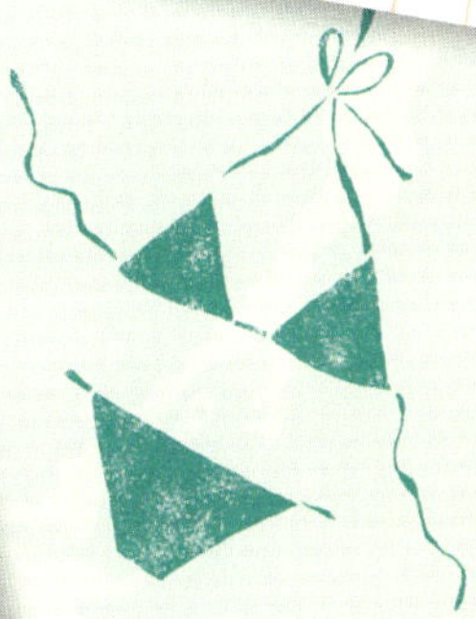

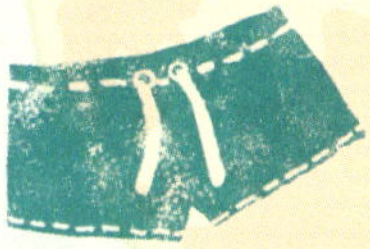

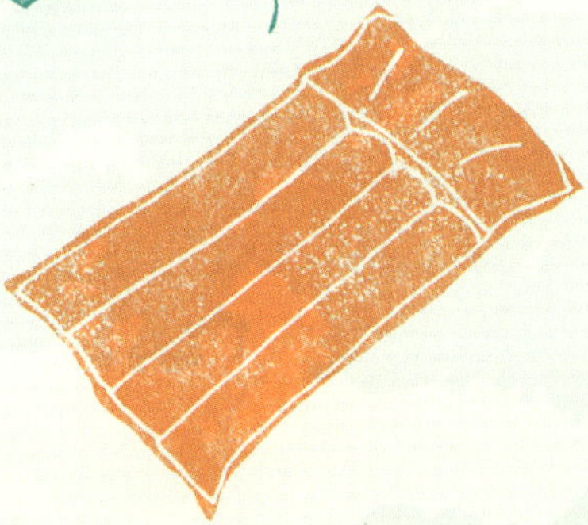

Für 2 Personen
Zubereitung je etwa 15 Minuten

Up Tempo Food aus der Tüte

Wer irgendwo im Nirgendwo übernachtet, hat nicht viel dabei. Da ist es richtig bequem, wenn sich ein Gericht unterwegs einfach aus dem Gefrierbeutel zaubern lässt. Instant-Gerichte, die in Wasser ziehen müssen, waren früher schon einmal angesagt. Heute beweisen wir, dass sie selbst gemacht um einiges besser schmecken, ziemlich cool und ganz schön abwechslungsreich sind. Fast so wie ein Mini-Gourmet-Essen. Auf jeden Fall Soul-Food aus der Tüte!

Instant-Couscous mit Aprikosen und Macadamia

2 EL Macadamianüsse
3 EL getrocknete Aprikosen
5 EL Instant-Couscous
2 EL gefriergetrocknetes Hähnchenfleisch in Würfeln
1 ½ TL Instant-Geflügelbrühe
¼ TL getrockneter Thymian
¼ TL Knoblauchgranulat
1 TL Zwiebelgranulat
2 Prisen gemahlener Pfeffer

1 Die Nüsse mit einem Messer grob hacken und in einer Pfanne ohne Fett goldbraun anrösten. Die Aprikosen vierteln. Alle Zutaten in einen Gefrierbeutel geben und diesen verschließen.

2 In einem Topf 350 ml Wasser zum Kochen bringen, dann von der Kochstelle nehmen. Den Inhalt des Gefrierbeutels einrühren und 6–8 Minuten ziehen lassen. Gelegentlich umrühren.

Instant-Curry-Reis mit Cashewkernen

3 EL Cashewkerne
1 Tasse Parboiled Basmati Express-Reis (vorgegarter Reis)
2 EL gefriergetrocknetes Hähnchenfleisch in Würfeln
3 EL gefriergetrockneter Gemüsemix
1 ½ TL Instant-Hühnerbrühe
1 ½ TL Currypulver
1 TL Zwiebelgranulat
¼ TL Knoblauchgranulat
2 Prisen gemahlener Pfeffer

1 Die Cashewkerne mit einem Messer grob hacken und in einer Pfanne ohne Fett goldbraun anrösten. Alle Zutaten in einen Gefrierbeutel geben und diesen verschließen.

2 In einem Topf 350 ml Wasser zum Kochen bringen. Den Inhalt des Gefrierbeutels einrühren, den Topf von der Kochstelle nehmen und mit einem Deckel verschließen. 9 Minuten quellen lassen. Nach 3–4 Minuten einmal gut durchrühren.

Cremige Instant-Nudeln mit Pilzen und Pinienkernen

2 EL Pinienkerne
2 Handvoll Fadennudeln (etwa 80 g)
2 EL gefriergetrocknetes Hähnchenfleisch in Würfeln
2 EL getrocknete Pilze
1 ½ TL Instant-Geflügelbrühe
3 EL geriebener Parmesan (Fertigprodukt)
2 EL Milchpulver
2 TL Stärkemehl
2 TL Kräuter der Provence
¼ TL Knoblauchgranulat
2 Prisen gemahlener Pfeffer

1 Die Pinienkerne in einer Pfanne ohne Fett goldbraun anrösten. Alle Zutaten in einen Gefrierbeutel geben und diesen verschließen.

2 Den Inhalt des Gefrierbeutels mit 300 ml Wasser in einen Topf geben. Unter Rühren zum Kochen bringen, dann den Topf von der Kochstelle nehmen und mit einem Deckel verschließen. 9 Minuten quellen lassen. Nach 3–4 Minuten einmal gut durchrühren.

Mexikanisches Instant-Reisgericht mit Hähnchen

1 Tasse Parboiled Basmati Express-Reis (vorgegarter Reis)
2 EL gefriergetrocknetes Hähnchenfleisch in Würfeln
3 EL gefriergetrockneter Mais
2 EL gefriergetrocknete Tomaten
1 ½ TL Instant-Geflügelbrühe
1 ½ TL Chiliflocken
¼ TL gemahlener Kreuzkümmel
¼ TL getrockneter Oregano
½ TL gemahlener Koriander
1 TL Zwiebelgranulat
¼ TL Knoblauchgranulat
2 Prisen gemahlener Pfeffer

1 Alle Zutaten in einen Gefrierbeutel geben und verschließen.

2 In einem Topf 350 ml Wasser zum Kochen bringen, dann von der Kochstelle nehmen. Den Inhalt des Gefrierbeutels einrühren und 6–8 Minuten ziehen lassen. Gelegentlich umrühren.

Hähnchen-Gemüse-Mix mit Bratkartoffeln

500 g Hähnchenbrustfilet
3 Möhren
2 rote Paprikaschoten
2 Stangen Staudensellerie
1 rote Chilischote
1 Dose Mais (285 g)
8 mittelgroße festkochende Kartoffeln
1 Zwiebel
6 EL Rapsöl
2 EL Honig
2 EL Sojasauce
Salz
frisch gemahlener Pfeffer

1 Die Hähnchenbrust kalt abwaschen, trocken tupfen und in 3 cm große Würfel schneiden. Die Möhren schälen, waschen und in 2 cm große Würfel schneiden. Die Paprika vierteln, von den Samen befreien, waschen und quer in 1 cm dicke Streifen schneiden. Den Sellerie putzen, waschen und schräg in 1 cm dicke Streifen schneiden. Die Chilischote halbieren, von den Samen befreien, waschen und fein würfeln. Den Mais in ein Sieb abgießen, abspülen und abtropfen lassen.

2 Die Kartoffeln schälen, waschen und in 4 mm dicke Scheiben schneiden. Die Zwiebel schälen und würfeln. In einer Pfanne 4 EL Öl erhitzen. Die Kartoffelscheiben darin bei mittlerer Hitze 25 Minuten rundum anbraten. Dabei nicht zu oft wenden, damit die Kartoffeln schön knusprig werden.

3 Nach etwa 10 Minuten das restliche Öl (2 EL) in einem Topf erhitzen. Das Hähnchenfleisch darin bei großer Hitze 1 Minute rundum anbraten. Das Gemüse bis auf die Chili-würfel dazugeben und unter ständigem Rühren 3 Minuten mitbraten. Chili, Honig und Sojasauce zur Hähnchenpfanne geben, umrühren und 100 ml Wasser angießen. Mit einem Deckel verschließen und bei schwacher Hitze 10 Minuten garen. Danach den Deckel abnehmen und bei starker Hitze so lange köcheln lassen, bis die Flüssigkeit fast vollständig verkocht ist. Mit Salz und Pfeffer abschmecken.

4 Etwa 5 Minuten vor Ende der Bratzeit für die Kartoffeln die Zwiebelwürfel zu den Bratkartoffeln geben und mitbraten. Die Bratkartoffeln mit Salz und Pfeffer abschmecken. Mit dem Hähnchen-Gemüse-Mix auf vier Tellern anrichten und servieren.

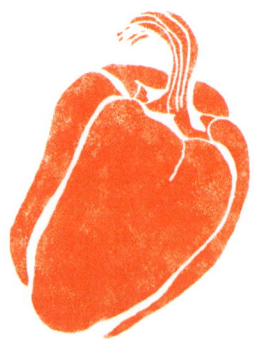

Süßkartoffel-Paprika-Topf

1 Dose weiße Riesenbohnen (240 g)
1 große Süßkartoffel (etwa 350 g)
1 rote Paprikaschote
1 gelbe Paprikaschote
2 Stangen Staudensellerie
2 Tomaten
1 Knoblauchzehe
2 EL Butter
3 Stängel Salbei (oder 2 TL getrockneter
  Salbei)
Salz
frisch gemahlener Pfeffer

1 Die Bohnen in ein Sieb abgießen, abspülen und abtropfen lassen. Die Süßkartoffel schälen, waschen und in 2 cm große Würfel schneiden. Die Paprika vierteln, von den Samen befreien, waschen und quer in 1 cm dicke Streifen schneiden. Den Sellerie putzen, waschen und in 2 cm breite Stücke schneiden. Die Tomaten waschen und achteln, den Knoblauch schälen und fein hacken oder durchpressen.

2 Die Butter in einem Topf erhitzen. Den Knoblauch darin bei mittlerer Hitze 1 Minute anschwitzen. Süßkartoffelwürfel, Paprika und Sellerie dazugeben und unter Rühren 3 Minuten andünsten. Tomaten und Bohnen hinzufügen, mit 100 ml Wasser angießen und verrühren. Den Topf mit einem Deckel verschließen und bei schwacher Hitze 12 Minuten garen.

3 In der Zwischenzeit den Salbei kalt abbrausen, trocken schütteln und die Blätter abzupfen. In dünne Streifen schneiden, zum Gemüse geben und den Süßkartoffel-Paprika-Topf mit Salz und Pfeffer abschmecken. Auf zwei Teller verteilen und servieren.

Es rappelt im Karton

Gläser und Tassen sollen während der Fahrt nicht ständig klappern? Im Fachhandel gibt es Teller-, Tassen- und Gläserhalter. Fehlen die Küchenschränke, eignet sich auch eine große, verschließbare Transportbox aus Plastik gut, um darin Küchenutensilien zu verstauen. Solche Aufbewahrungsboxen lassen sich im mobilen Zuhause hervorragend stapeln.

Scharfes Hackfleisch-Risotto

50 g Parmesan
1 Zwiebel
2 Knoblauchzehen
2 rote Chilischoten
1 EL Rapsöl
250 g gemischtes Hackfleisch
2 Tassen Risotto-Reis
1 EL Instant-Gemüsebrühe
Salz
frisch gemahlener Pfeffer
2 EL saure Sahne

1 Den Parmesan fein reiben, in eine Schale geben und beiseitestellen. Die Zwiebel schälen und fein würfeln. Den Knoblauch schälen, fein hacken oder durchpressen. Die Chilischoten halbieren, von den Samen befreien, waschen und fein hacken.

2 Das Öl in einem Topf erhitzen. Das Hackfleisch darin bei starker Hitze krümelig anbraten, bis es zu bräunen beginnt. Zwiebel, Knoblauch und Chili dazugeben und 2 Minuten anbraten. Den Reis unterrühren und mit 3 Tassen warmem Wasser aufgießen.

3 Die Brühe unterrühren, die Temperatur reduzieren und 20 Minuten bei schwacher Hitze köcheln lassen. Dabei immer wieder umrühren. Sollte die Flüssigkeit verkochen, bevor der Reis gar ist, esslöffelweise Wasser dazugeben.

4 Idealerweise ist die Flüssigkeit am Ende der Garzeit vollständig vom Reis aufgenommen worden. Den Kocher ausschalten und den Parmesan unter den Risotto heben. Mit Salz und Pfeffer abschmecken und auf zwei Teller verteilen. Mit je 1 EL saurer Sahne garnieren und servieren.

Ich glaub', es hackt!
Hackfleisch ist die Diva unter den Fleischsorten. Das Sensibelchen sollte frisch gekauft am Einkaufstag verarbeitet werden. Kaufen Sie eingeschweißtes Hackfleisch, halten Sie sich an das aufgedruckte Mindesthaltbarkeitsdatum. Unbedingt in der Kühlung lagern!

Paella

300 g Miesmuscheln
12 Garnelen ohne Kopf und Schale
200 g Erbsen
1 rote Paprikaschote
1 rote Zwiebel
2 Knoblauchzehen
8 Hähnchenunterschenkel
Salz
frisch gemahlener Pfeffer
2 EL Olivenöl
1 ½ Tassen Risotto-Reis
¼ l trockener Weißwein
1 EL Instant-Geflügelbrühe
1 Döschen Safran (etwa 1 g)
2 Lorbeerblätter
1 Zitrone

1 Die Muscheln in kaltem Wasser waschen und die Bärte entfernen. Offene und beschädigte Muscheln aussortieren. Die Garnelen kalt abwaschen und abtropfen lassen. Die Erbsen palen, die Paprika vierteln, von den Samen befreien, waschen und quer in dünne Streifen schneiden. Die Zwiebel schälen, halbieren und in dünne Streifen schneiden. Den Knoblauch schälen, fein hacken oder durchpressen.

2 Die Hähnchenunterschenkel kalt abwaschen, trocken tupfen und mit Salz und Pfeffer würzen.

3 Das Öl in einer großen Pfanne mit hohem Rand erhitzen. Die Hähnchenunterschenkel darin von allen Seiten bei mittlerer Hitze etwa 8 Minuten goldbraun anbraten. Herausnehmen, in eine Schale legen und beiseitestellen.

4 Die Zwiebel und den Knoblauch in dieselbe Pfanne geben und bei mittlerer Hitze unter Rühren 3 Minuten anschwitzen. Den Reis dazugeben und 2 Minuten anschwitzen, dann mit dem Wein ablöschen. Die Brühe und den Safran in 500 ml heißem Wasser auflösen und in die Pfanne geben. Lorbeer und die Hähnchenunterschenkel in die Pfanne geben, mit einem Deckel verschließen und 10 Minuten bei schwacher Hitze garen.

5 In der Zwischenzeit die Zitrone heiß abwaschen, trocknen und längs vierteln. Muscheln und Paprikastreifen in die Pfanne geben, umrühren und wieder abdecken. Weitere 5 Minuten garen, dann Garnelen und Erbsen unterrühren, noch einmal abdecken und 5 Minuten garen. Mit Salz und Pfeffer abschmecken und mit den Zitronenvierteln servieren.

Muscheln in Weißwein

2 Knoblauchzehen
4 Zwiebeln
1 Lauchstange
2 Möhren
4 Stangen Staudensellerie
1 Chilischote
2 kg frische Miesmuscheln
6 EL Olivenöl
5 Zweige Thymian
Salz
frisch gemahlener Pfeffer
250 ml Weißwein
1 Bund glatte Petersilie

1 Den Knoblauch schälen und etwas zerdrücken. Die Zwiebeln schälen, halbieren und in Streifen schneiden. Den Lauch putzen, längs aufschneiden und gründlich waschen, auch zwischen den Blattschichten. Anschließend quer in dünne Streifen schneiden. Möhren und Sellerie schälen, waschen und in feine Streifen schneiden. Die Chilischote halbieren, von den Samen befreien, waschen und fein hacken.

2 Die Muscheln in kaltem Wasser waschen und die Bärte entfernen. Offene und beschädigte Muscheln aussortieren. Das Olivenöl in einem großen Topf, in dem Gemüse und Muscheln Platz haben, erhitzen. Knoblauch, Zwiebeln, Lauch, Möhren, Sellerie, Chili und Thymian darin bei mittlerer Hitze 5 Minuten anschwitzen. Mit ½ TL Salz und 2 Prisen Pfeffer würzen. Den Weißwein hinzugießen und aufkochen lassen.

3 Die Muscheln in den Topf geben und abgedeckt bei mittlerer Hitze 15 Minuten garen. In der Zwischenzeit die Petersilie kalt abbrausen, trocken schütteln, die Blätter von den Stielen zupfen und grob hacken.

4 Am Ende der Garzeit die gehackte Petersilie zu den Muscheln geben und unterrühren. Die Muscheln mit dem Gemüse-Weißweinsud servieren. Dazu passt hervorragend frisches Baguette.

Der Klopftest

Wie Sie erkennen, ob geöffnete Miesmuscheln frisch sind? Ist ein kleiner Spalt offen, klopfen Sie mit der Muschel kurz auf einen harten Untergrund. Schließt sie sich, ist sie noch genießbar. Bleibt sie offen, bitte nicht verzehren. Sortieren Sie geöffnete Exemplare aus und kochen Sie nur die geschlossenen.

Kabeljau im Kräuter-Gemüsesud

2 Kartoffeln
1 kleine Fenchelknolle
1 Möhre
2 Stangen Staudensellerie
1 kleine Lauchstange
1 Knoblauchzehe
1 Zweig Rosmarin
2 Zweige Thymian
3 Stängel Zitronenmelisse
½ Bund Petersilie
300 g Kabeljaufilet
   (alternativ jeder andere Fisch)
Salz
frisch gemahlener Pfeffer
2 EL Olivenöl

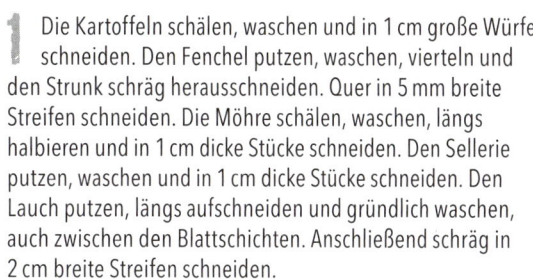

1 Die Kartoffeln schälen, waschen und in 1 cm große Würfel schneiden. Den Fenchel putzen, waschen, vierteln und den Strunk schräg herausschneiden. Quer in 5 mm breite Streifen schneiden. Die Möhre schälen, waschen, längs halbieren und in 1 cm dicke Stücke schneiden. Den Sellerie putzen, waschen und in 1 cm dicke Stücke schneiden. Den Lauch putzen, längs aufschneiden und gründlich waschen, auch zwischen den Blattschichten. Anschließend schräg in 2 cm breite Streifen schneiden.

2 Das Gemüse in einen Topf geben und mit 1 l Wasser aufgießen. Bei starker Hitze aufkochen lassen, dann abdecken und bei schwacher Hitze etwa 8 Minuten köcheln lassen. In der Zwischenzeit die den Knoblauch schälen und etwas zerdrücken. Rosmarin, Thymian und Zitronenmelisse kalt abbrausen und mit dem Knoblauch in den Topf geben. Die Petersilie kalt abbrausen, trocken schütteln, die Blätter abzupfen und fein hacken.

3 Den Fisch kalt abwaschen und in 3 cm große Stücke schneiden. In den Topf geben und behutsam mit dem Gemüse mischen. Etwa 8 Minuten offen im Sud gar ziehen lassen. Mit Salz und Pfeffer abschmecken. Die Kräuterstängel entnehmen. Den Eintopf auf zwei tiefe Teller verteilen, mit der gehackten Petersilie und je 1 EL Öl garnieren und servieren.

Bannock-Brot Elsässer Art

1 Bund Schnittlauch
4 Radieschen
150 g Frühstücksspeck (Bacon)
2 Tassen + etwas Mehl für die Arbeitsfläche
1 Pck. Backpulver
Salz
4 EL saure Sahne

1 Den Schnittlauch kalt abbrausen, gut trocken schütteln und in feine Röllchen schneiden. Die Radieschen putzen, waschen, halbieren und in dünne Scheiben schneiden. Radieschen und Schnittlauch in einer Schale vermischen und beiseitestellen. Den Speck in kleine Würfel schneiden.

2 Mehl, Backpulver, Speck und ½ TL Salz in einer Schüssel vermengen. Eine Mulde formen und 250 ml Wasser hineingießen. Mit den Fingern nach und nach das Mehl vom Rand mit dem Wasser verrühren. Sobald die Masse fest wird, mit den Händen kräftig verkneten, bis ein geschmeidiger Teig entsteht.

3 Den Teig in zwei Hälften teilen und zu Kugeln formen. Die Kugeln auf der bemehlten Arbeitsfläche flach drücken und mit den Händen rund ausziehen, bis die Fladen die Größe des Pfannenbodens haben. Nacheinander in einer beschichteten Pfanne ohne Fett bei mittlerer Hitze von jeder Seite etwa 6 Minuten backen, dabei häufig wenden. Die fertig gebackenen Brote mit je 2 EL saurer Sahne bestreichen und gleichmäßig mit Schnittlauch und Radieschen bestreuen.

Wer ist hier der Boss?
Je nachdem, in welcher Laune Ihr Teig gerade ist, wird er mal zu fest und mal zu flüssig? Keine Sorge, es liegt nicht an mangelndem Backtalent. Jede Mehlsorte verhält sich ein bisschen anders. Zeigen Sie dem Teig, wer das Sagen hat: Fügen Sie für die optimale Konsistenz mehr Wasser oder mehr Mehl als in den Rezepten angegeben hinzu.

Für 2 Personen
Zubereitung etwa 30 Minuten · Gehen 1 Stunde · Backen etwa 35 Minuten

Brötchen aus der Pfanne

5 EL Milch
1 EL Butter
1 EL Zucker
1 TL Salz
2 TL Trockenhefe
1 Ei (M)
2 Tassen + 2 EL + etwas Mehl
für die Arbeitsfläche

1 Milch, Butter, Zucker und Salz in einen Topf geben und erwärmen, bis sich die Butter aufgelöst hat. In eine Schüssel geben und 5 Minuten abkühlen lassen, dann die Hefe unterrühren, bis sie sich aufgelöst hat. Etwa 10 Minuten ruhen lassen, bis die Hefe aktiv wird. Das Ei hinzugeben und glatt rühren. Nach und nach das Mehl unterrühren, bis ein zähflüssiger Teig entsteht. Restliches Mehl (2 EL) dazugeben und nun mit den Händen zu einem geschmeidigen Teig verkneten. Abgedeckt an einem warmen Ort 1 Stunde gehen lassen.

2 Den Teig in vier gleich große Portionen teilen und auf der leicht bemehlten Arbeitsfläche zu Kugeln formen.

3 Eine beschichtete Pfanne ohne Fett erhitzen. Die Teigkugeln hineinsetzen und die Pfanne mit einem Deckel verschließen. Bei mittlerer Hitze 1 Minute backen, dann die Temperatur reduzieren und bei schwacher Hitze weitere 5 Minuten backen.

4 Die Brötchen wenden und weitere 8 Minuten bei geringer Hitze backen, dann erneut wenden und noch einmal 8 Minuten backen. Die Brötchen wenden, den Kocher ausschalten und die Brötchen noch 10 Minuten in der geschlossenen Pfanne ruhen lassen.

Und jetzt alle: Cheeeeese!

Sie haben für Ihre Frühstücksbrötchen Käse von der Frischetheke gekauft? Bewahren Sie jede Sorte einzeln verpackt auf. Praktischerweise können Sie dafür Ihre Allzweckwaffe, die Alufolie, verwenden: Damit der Käse atmen kann, winzige Löcher in die Folie stechen. Handelt es sich um einen geruchsintensiven Käse, bleibt die Folie ungelocht.

Gefülltes Pfannenbrot

50 g Salami
50 g Gouda
2 Tassen + etwas Mehl für die Arbeitsfläche
¼ TL Backpulver
Salz
frisch gemahlener Pfeffer
2 EL Rapsöl

1 Die Salami in kleine Würfel schneiden. Den Käse grob reiben. Das Mehl mit Backpulver und je 1 Prise Salz und Pfeffer in einer Schüssel mischen. Eine Mulde in das Mehl drücken und 140 ml Wasser dazugeben. Nach und nach Mehl und Wasser verrühren, bis ein zähflüssiger Teig entstanden ist. Dann mit den Händen weiterarbeiten und alles zu einem geschmeidigen Teig verkneten.

2 Den Teig in vier gleich große Portionen teilen. Zunächst zu Kugeln formen, dann auf der bemehlten Arbeitsfläche mit einer Teigrolle zu Kreisen von etwa 15 cm Ø ausrollen. Alternativ mit den Handballen in Form drücken.

3 Eine Hälfte der Teigkreise mit Salami und Käse belegen. Die andere Teighälfte darüberklappen und die Ränder mit den Zinken einer Gabel kräftig zusammendrücken.

4 Das Öl in einer Pfanne erhitzen und die Pfannenbrote darin bei mittlerer Hitze von jeder Seite abgedeckt 5 Minuten backen, dabei zwei- bis dreimal wenden.

Strandperlen

Campen am Strand? Das hört sich sooo romantisch an. Stimmt: Eine Nacht, in der Sie im Zelt liegen und den Wellen lauschen, bleibt garantiert unvergesslich. Damit es tatsächlich paradiesisch wird, sollte das Zelt auf weichem Sand aufgebaut werden. Behalten Sie außerdem unbedingt die Flut-Marke im Blick – Sie müssen wissen, wie hoch das Wasser im Extremfall kommt. Oft können Sie sich am Strand auch für eine Nacht eine Hängematte mieten und unter dem Sternenhimmel schlafen. Ein Traum!

Apfelkuchen aus der Pfanne

½ Bio-Zitrone
2 säuerliche Äpfel (z. B. Boskop)
1 Tasse + 2 EL Zucker
1 EL Öl
150 g weiche Butter
3 Eier (M)
2 Tassen Mehl
2 TL Kakaopulver (schwach entölt)
2 TL Backpulver
½ TL gemahlener Zimt
1 EL Puderzucker

1 Die Zitrone heiß waschen und trocknen. Die Schale dünn abreiben, den Saft auspressen. Die Äpfel schälen, vierteln, entkernen und in dünne Scheiben schneiden. Mit 2 EL Zucker, Öl und Zitronensaft in eine Pfanne (26 cm Ø) geben und bei mittlerer Hitze 8 Minuten dünsten. Dabei gelegentlich umrühren, um ein Anbrennen zu verhindern.

2 In der Zwischenzeit Butter, Zucker, Eier und Zitronenschale in eine Schüssel geben und zu einer glatten Masse verrühren. Mehl, Kakao, Backpulver und Zimt vermischen und unterrühren. Den Rührteig über die Äpfel geben, glatt streichen und die Pfanne mit einem Deckel verschließen. Bei mittlerer Hitze 5 Minuten backen, dann bei schwächster Hitze etwa 20 Minuten weiterbacken, bis der Kuchen gar ist.

3 Den Kuchen mithilfe eines Tellers aus der Pfanne stürzen, etwas abkühlen lassen, mit Puderzucker bestäuben und servieren.

Für 4 Personen · Zubereitung etwa 25 Minuten

Arme Ritter mit Kokos und Mangosalat

Für den Mangosalat
2 Mangos
1 EL Zitronensaft
2 EL Honig
4 EL Kokosmilch

Für die Brotsticks
400 g Brot vom Vortag
½ Dose gesüßte Kondensmilch
  (etwa 200 g)
1 Tasse Kokosraspel

1 Die Mangos schälen, das Fruchtfleisch vom Stein lösen und in 2–3 mm dicke Scheiben schneiden. Mit Zitronensaft, Honig und Kokosmilch in eine Schüssel geben, vermischen und beiseitestellen.

2 Für die Sticks das Brot in 2 cm dicke Scheiben und anschließend in 2 cm breite Streifen schneiden. Kondensmilch und Kokosraspel in zwei tiefe Teller füllen. Die Brotstreifen zunächst in der Kondensmilch, dann in den Kokosraspeln wenden. Bei mittlerer Hitze goldgelb rösten – das geht auf dem Grillrost oder in einer beschichteten Pfanne ohne Fett auf dem Gaskocher. Mit dem Mangosalat anrichten und servieren.

Feuer für die Flamme

Den warmen Wind auf der Haut, den Grillgeruch in der Nase. Es knistert, es brutzelt, es zischt. Ja, es ist Sommer! Open-Air-Feeling und Grillen – das gehört zusammen. Also: Nicht lange fackeln, sondern ran an den Rost!

Grillmeister, die ein Feuer entfachen möchten, garen am liebsten über der Flamme eines Holzkohlegrills und schwören auf den einzigartigen, fabelhaften Geschmack. Allerdings ist der Kohlegrill aus Sicherheitsgründen auf manchen Campingplätzen verboten, da durch Funkenflug erhöhte Brandgefahr besteht. Deshalb setzen einige Camper von vornherein auf die Gas-Variante. Kein Grund, enttäuscht zu sein – ein Gasgrill hat viele Vorteile: Er ist leicht zu bedienen, fix vorgeheizt, mühelos zu reinigen und der Brennstoff ist meist eh an Bord.

Zur Weißglut gebracht

Beim Grillen mit Holzkohle sollten Sie spezielle Grillanzünder (als »bio« erhältlich) oder geeignete natürliche Alternativen benutzen. Spiritus, Benzin und andere chemische Stoffe sind im wahrsten Sinne des Wortes brandgefährlich – lassen Sie bitte die Finger davon! Beim Gasgrill funktioniert das Anzünden folgendermaßen: Grilldeckel und Ventil an der Gasflasche öffnen, Brenner anzünden, auf die stärkste Stufe stellen, Deckel schließen und etwa 10 Minuten warten.

Heiß auf Fleisch

Beim Holzkohlegrill dauert es etwas länger, bis er bereit ist – rund 30 Minuten. Für flottes, kurzes Grillen ist Holzkohle die richtige Wahl. Wollen Sie den Grillabend zur Nacht machen, dann verwenden Sie Briketts, die halten länger. Wann Sie auflegen können? Ist kein Thermometer eingebaut, hilft ein kleiner Trick: Handfläche im Abstand von einer Bierflasche über den Rost halten. Müssen Sie nach 4 Sekunden wegziehen, hat der Grill starke Hitze (ab 230 °C) – perfekt für Steaks. Bei 5–7 Sekunden ist mittlere Hitze erreicht (ab 175 °C), die optimale Temperatur für Fisch. Und bei 8–10 Sekunden grillen Sie Empfindliches bei niedriger Hitze (ab 120 °C). Am besten stets mit geschlossenem Deckel grillen, damit Ihr Essen von allen Seiten mit Hitze und Aromen umhüllt wird.

Top-5-Zubehör fürs Grillen

1. Grillzange zum Wenden von Fleisch, Fisch und Gemüse
2. Grillschale oder Alufolie für Gemüse und andere Kleinigkeiten
3. Fleischthermometer zum Messen
4. Grillbürste zum Reinigen des Grills
5. Silikonpinsel zum Einölen und Marinieren des Grillguts

Grillt das noch oder chillt das schon?

Wissen Sie, was der Unterschied zwischen direktem und indirektem Grillen ist?

Direktes Grillen: Hierbei liegt das Grillgut über der Glut oder dem Brenner. So braten Sie zum Beispiel Steaks oder Hamburger scharf an.

Indirektes Grillen: Sie schieben die Glut an die Seite oder schalten einen Brenner aus und legen das Grillgut auf diese Zone, um Fleisch wie Spareribs langsam zu garen. Auch empfehlenswert: Erst direkt über der Flamme grillen und im Anschluss indirekt fertig garen.

Was für Spießer!

Wir sind verrückt nach Gegrilltem mit Sti(e)l! Da Spieße aus Metall aber schnell heiß und nur mit Handschuhen angefasst werden können, nehmen wir für unsere Rezepte Exemplare aus Holz. Die Spieße mindestens 30 Minuten in Wasser einweichen, bevor Sie die Zutaten aufstecken – so brennen sie auf dem Grill nicht an. Falls Sie ein Gefrierfach im Wohnmobil haben: Einmal gewässerte Holzspieße können eingefroren werden und müssen nicht mehr erneut in Wasser baden.

Für 4 Personen
Zubereitung etwa 20 Minuten · Marinieren etwa 1 Stunde

BBQ-Hähnchen in Orangenmarinade

Für das Hähnchen

4 Hähnchenbrustfilets (à 150 g)
3 EL Orangenmarmelade
4 EL BBQ-Sauce (Fertigprodukt oder
    selbst gemacht, Rezept Seite 16)
2 EL Sojasauce

Für das Gemüse

3 rote Paprikaschoten
2 rote Zwiebeln
1 EL Olivenöl
1 EL Honig
Salz
frisch gemahlener Pfeffer

Außerdem

8 Stück Alufolie (à 30 × 30 cm)

One-Pan-Power

Sie überlegen, wie viele Pfannen und Töpfe
Sie beim Camping brauchen? Eine Pfanne ist
wirklich ausgesprochen hilfreich. Aus ihr
können Sie zahlreiche Gerichte zaubern,
sodass es garantiert nie langweilig wird.
Ansonsten gilt: Die Zahl der Töpfe hängt
davon ab, wie viele Personen Sie bekochen
und wie Sie reisen. Ein Backpacker trägt einen
Topf mit sich, eine Familie mit Wohnwagen
hat Platz für mindestens zwei Töpfe unter-
schiedlicher Größe.

1 Die Hähnchenbrust kalt abwaschen und trocken tupfen.
Marmelade, BBQ-Sauce und Sojasauce in einer Schale
verrühren und die Hähnchenbrust darin mindestens
1 Stunde, besser über Nacht, marinieren.

2 In der Zwischenzeit die Paprika vierteln, von den Samen
befreien und waschen, dann in 3 cm große Stücke
schneiden. Die Zwiebeln schälen, halbieren und in grobe
Streifen schneiden. Paprika und Zwiebeln mit Öl und Honig in
eine große Schüssel geben. Mit 1 TL Salz und 1 Prise Pfeffer
würzen und alles gut vermischen. Jeweils 2 Stücke Alufolie
übereinanderlegen und die Gemüsemischung gleichmäßig
mittig darauf verteilen. Die Folien zusammenklappen und
die offenen Seiten zusammenfalten, um die Päckchen zu
verschließen.

3 Die Hähnchenbrust aus der Marinade nehmen, mit
etwas Salz und Pfeffer würzen und auf dem Grillrost bei
mittlerer Hitze von jeder Seite 5 Minuten grillen. Gleichzeitig
die Paprika-Päckchen auf den Grillrost legen und bei mittlerer
Hitze 10 Minuten grillen. Dabei gelegentlich wenden, damit
das Gemüse gleichmäßig garen kann. Vom Grill nehmen und
5 Minuten ruhen lassen. Mit der Hähnchenbrust auf vier
Tellern anrichten und servieren.

4 Das Gericht lässt sich auch in einer Pfanne auf dem
Gaskocher zubereiten. Dafür 1 EL Rapsöl in der Pfanne
erhitzen. Die Hähnchenbrust darin bei mittlerer Hitze von
jeder Seite 5 Minuten braten. Zeitgleich in einer zweiten
Pfanne 1 EL Rapsöl erhitzen. Das Gemüse darin bei mittlerer
Hitze unter gelegentlichem Rühren etwa 10 Minuten garen.

Für 4 Personen
Zubereitung etwa 40 Minuten

Gefüllte Steaks auf Ratatouille-Möhrengemüse

Für die Steaks

4 Steaks (à 150 g, nach Wahl
   Rind, Schwein, Kalb oder Pute)
4 TL mittelscharfer Senf
2 Stängel Salbei
4 Scheiben Parmaschinken
Salz
frisch gemahlener Pfeffer

Für das Gemüse

2 Möhren
4 Kartoffeln
1 kleine Aubergine
1 Zucchini
1 rote Paprikaschote
2 Tomaten
3 EL Olivenöl
200 g stückige Tomaten (Dose)
1 EL Zucker
1 EL Kräuter der Provence
Salz
frisch gemahlener Pfeffer

1 Die Steaks kalt abwaschen und trocken tupfen. Mit dem Messer eine Tasche in jedes Steak schneiden und die Innenseite der Tasche mit je 1 TL Senf bestreichen. Den Salbei kalt abbrausen, trocken schütteln und die Blätter abzupfen. Den Schinken ausbreiten, die Salbeiblätter gleichmäßig darauf verteilen und zusammenrollen. In die Tasche jedes Steaks 1 Röllchen Parmaschinken stecken.

2 Das Gemüse putzen und waschen. Möhren und Kartoffeln schälen, vierteln und schräg in 5 mm dicke Stücke schneiden. Aubergine, Zucchini, Paprika und Tomaten in 2 cm große Würfel schneiden.

3 Einen Topf (ohne Kunststoffgriffe) auf den Grillrost stellen. Das Öl im Topf erhitzen und das Gemüse darin bei mittlerer Hitze 5 Minuten anschwitzen. Tomaten aus der Dose, Zucker und Kräuter dazugeben und umrühren. Abgedeckt 12 Minuten köcheln lassen, dabei gelegentlich umrühren.

4 Die Steaks mit Salz und Pfeffer würzen und auf dem Grillrost oder in einer Pfanne bei großer Hitze von jeder Seite etwa 4 Minuten grillen bzw. braten. Das Gemüse mit Salz und Pfeffer abschmecken und auf vier Teller verteilen. Die fertigen Steaks daraufsetzen und servieren.

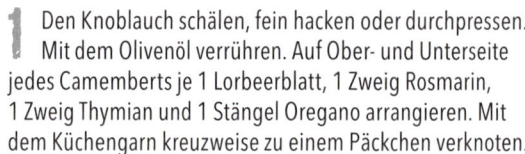

Für 4 Personen
Zubereitung etwa 30 Minuten

Kräuter-Camembert vom Grill

1 Knoblauchzehe
1 EL Olivenöl
4 Camemberts
8 Lorbeerblätter
8 Zweige Rosmarin
8 Zweige Thymian
8 Stängel Oregano

Außerdem
4 Stücke Küchengarn à 60 cm

1 Den Knoblauch schälen, fein hacken oder durchpressen. Mit dem Olivenöl verrühren. Auf Ober- und Unterseite jedes Camemberts je 1 Lorbeerblatt, 1 Zweig Rosmarin, 1 Zweig Thymian und 1 Stängel Oregano arrangieren. Mit dem Küchengarn kreuzweise zu einem Päckchen verknoten.

2 Die Kräuter-Camemberts mit dem Knoblauchöl beträufeln und auf dem Grillrost bei mittlerer Hitze von jeder Seite etwa 4 Minuten grillen. Darauf achten, dass der Käse nicht verbrennt oder auf dem Grill schmilzt. Die Kräuter dürfen verbrennen, sie werden später nicht mitgegessen.

3 Der Käse ist fertig, wenn er leicht zu bräunen beginnt und sich kleine Blasen auf der Oberfläche bilden. Die Camemberts auf vier Teller verteilen, das Küchengarn aufschneiden und die Kräuter ablösen. Mit frischem Brot oder Baguette servieren.

Rotes Zwiebelconfit aus dem Vorrat
Dazu passt ein rotes Zwiebelconfit, das Sie zuhause vorbereiten und wie Marmelade im Glas mitnehmen können. Dafür 8 rote Zwiebeln schälen, halbieren und in feine Streifen schneiden. In einem Topf 1 EL Zucker karamellisieren lassen, kurz vom Kocher nehmen, 2 EL Butter hinzugeben, aufschäumen lassen und sofort die Zwiebeln dazugeben und umrühren. Etwa 1 Minute anschwitzen, dann mit 100 ml Traubensaft und 2 EL Balsamicoessig ablöschen. 2 Nelken, 1 Lorbeerblatt und 2 Wacholderbeeren hinzugeben und abgedeckt bei schwacher Hitze etwa 20 Minuten schmoren, dabei gelegentlich umrühren. Anschließend offen bei mittlerer Hitze so lange köcheln lassen, bis die Flüssigkeit vollständig sirupartig eingekocht ist. Mit Salz und frisch gemahlenem Pfeffer abschmecken und noch heiß in Schraubgläser abfüllen. Hält sich ungekühlt und verschlossen 2 Wochen.

Für je 4 Steaks à 180 g
Zubereitung je etwa 10 Minuten

Dreierlei zart machende Steakmarinaden

Für die Joghurt-Curry-Marinade

1 Knoblauchzehe
100 g Joghurt
1 EL Zitronensaft
1 TL mittelscharfer Senf
1 EL Currypulver
1 TL Salz
4 EL Rapsöl

Für die Paprika-Senf-Marinade

1 kleine Zwiebel
2 EL grober Dijonsenf
100 ml Apfelsaft
1 EL Zitronensaft
1 EL Paprikapulver
1 TL getrockneter Thymian
1 TL Salz
4 EL Rapsöl

Für die Honig-Chili-Marinade

2 rote Chilischoten
1 Knoblauchzehe
2 EL weißer Balsamicoessig
2 EL Honig
1 TL mittelscharfer Senf
1 TL getrockneter Rosmarin
1 TL Salz
8 EL Rapsöl

1 Für die Joghurt-Curry-Marinade den Knoblauch schälen, fein hacken oder durchpressen. Mit Joghurt, Zitronensaft, Senf, Curry und Salz in einer Schale verrühren, bis sich das Salz aufgelöst hat. Das Öl einrühren und das Fleisch einlegen.

2 Für die Paprika-Senf-Marinade die Zwiebel schälen und sehr fein würfeln. Mit den restlichen Zutaten bis auf das Öl verrühren, bis sich das Salz aufgelöst hat. Dann das Öl unterrühren und das Fleisch einlegen.

3 Für die Honig-Chili-Marinade die Chilischoten halbieren, von den Samen befreien, waschen und sehr fein hacken. Den Knoblauch schälen, fein hacken oder durchpressen. Mit Essig, Honig, Senf, Rosmarin und Salz in einer Schale verrühren, bis sich das Salz aufgelöst hat. Das Öl einrühren und das Fleisch einlegen.

Marinieren leicht gemacht
Idealerweise wird das Fleisch für 2 Stunden oder über Nacht in der Marinade eingelegt und in Gefrierbeuteln im Kühlschrank aufbewahrt, damit sich die Aromen perfekt verbinden. Fleischstücke wie Entrecôte, Porterhouse, T-Bone, Filetsteak oder Roastbeef sind schon von Natur aus sehr zart, saftig und geschmackvoll. Sie schmecken deshalb auch nur mit Salz und Pfeffer gewürzt fantastisch.

Für 4 Personen · Zubereitung etwa 45 Minuten · Marinieren 2 Stunden

Gegrillte Maiskolben

4 frische Maiskolben
1 Limette
6 EL Ahornsirup
2 EL Sojasauce
1 EL Chilipulver

Außerdem
8 Zahnstocher

1 Frische Maiskolben in reichlich kochendem Salzwasser 10 Minuten vorkochen. Inzwischen die Limette auspressen. Limettensaft mit Ahornsirup, Sojasauce und Chilipulver verrühren. Die Maiskolben in der Marinade für 2 Stunden ziehen lassen, dabei gelegentlich wenden.

2 Die Maiskolben auf dem Rost bei mittlerer Hitze rundherum goldbraun grillen. Dabei mehrfach mit der Marinade bestreichen. Zum Servieren in die Enden der gegarten Maiskolben je 1 Zahnstocher stecken.

Whoop, whoop – Festival-Food!
Auf einem Festival hat keiner Lust, das Gelände zu verlassen, um in den Supermarkt zu gehen. Überlegen Sie sich vor der Anreise, was Sie essen möchten und packen Sie das Nötigste ein. Handhaben Sie alles ganz locker: Zu den gegrillten Maiskolben ein Steak oder ein paar Würstchen auf den Grill legen und schon ist das Party-Volk satt und glücklich.

Für 4 Personen · Zubereitung etwa 20 Minuten · Einweichen etwa 30 Minuten

Gegrillte Kirschtomaten-Spieße

32 Kirschtomaten (alternativ
  16 Kirschtomaten und
  8 Snackpaprikaschoten)
3 grobe Bratwürste (etwa 400 g)
1 mittelgroße Zwiebel
1 TL Senf
1 Ei (M)
3 EL Weißbrotbrösel
1 EL Rapsöl
Salz
frisch gemahlener Pfeffer

Außerdem
8 Holzspieße à 20 cm

1 Die Holzspieße für mindestens 30 Minuten in Wasser einweichen. Die Kirschtomaten waschen und gegebenenfalls die Snackpaprika waschen, halbieren und von den Samen befreien.

2 Die Bratwürste längs aufschlitzen, das Brät herausdrücken und in eine Schüssel geben. Die Zwiebel schälen, fein würfeln und mit Senf, Ei und Weißbrotbrösel vermengen. Alles zu einer geschmeidigen Masse verkneten und zu 32 gleich großen Bällchen formen.

3 Jeweils 4 Kirschtomaten oder 4 Paprikahälften und 4 Hackfleischbällchen im Wechsel auf die Holzspieße stecken. Vor dem Grillen dünn mit etwas Öl bepinseln und mit Salz und Pfeffer würzen.

4 Auf dem Grillrost oder in einer Pfanne bei mittlerer Hitze etwa 8 Minuten grillen bzw. braten.

Hotdogs im Speckmantel

Für den Sauerkraut-Salat
200 g Sauerkraut
1 kleine Babyananas
50 ml Ananassaft
2 TL Honig
1 EL Rapsöl
2 EL Joghurt
Salz
frisch gemahlener Pfeffer

Für die Hotdogs
2 Scheiben Emmentaler
8 Hot-Dog-Würstchen
16 Scheiben Frühstücksspeck (Bacon)
8 Hot-Dog-Brötchen
8 EL Remouladensauce

1 Das Sauerkraut in ein Sieb geben, abspülen und abtropfen lassen. In eine Schüssel geben und mit der Gabel zerpflücken. Die Babyananas vierteln, den Strunk entfernen und das Fruchtfleisch auslösen.

2 Die Ananas grob raspeln und zum Sauerkraut geben. Ananassaft, Honig, Öl und Joghurt dazugeben und gut vermischen. Mit Salz und Pfeffer abschmecken und beiseitestellen.

3 Für die Hotdogs den Käse in 5 mm breite Streifen schneiden. Die Würstchen längs aufschneiden, aber nicht ganz durchschneiden. Den Käse in die aufgeschnittenen Würstchen legen und jedes Würstchen in 2 Scheiben Bacon wickeln. Auf dem Grillrost bei mittlerer Hitze grillen, bis der Bacon knusprig ist. Hotdog-Brötchen etwa 10 Sekunden von jeder Seite rösten, dann einschneiden, aber nicht ganz durchschneiden.

4 Den Sauerkrautsalat zwischen die Brötchenhälften geben und die Würstchen darauflegen. Mit je 1 EL Remouladensauce garnieren und servieren.

Für 4 Personen
Zubereitung etwa 40 Minuten

BBQ-Geschnetzeltes

400 g Roastbeef
200 ml BBQ-Sauce (Fertigprodukt oder
  selbst gemacht, Rezept Seite 16)
400 g Kartoffeln
2 Zwiebeln
1 grüne Paprikaschote
1 rote Peperoni
300 g grüne Bohnen

Außerdem
8 Stück Alufolie (à 30 × 30 cm)

1 Das Roastbeef in 1 cm breite Streifen schneiden und in einer großen Schüssel mit der BBQ-Sauce mischen. Die Kartoffeln schälen, waschen und achteln. Die Zwiebeln schälen, halbieren, den Strunk herausschneiden und die Zwiebeln längs in Streifen schneiden. Paprika und Peperoni putzen und in Würfel schneiden. Die Bohnen putzen, waschen und in 3 cm lange Stücke schneiden. Das Gemüse in die Schüssel geben und mit dem Roastbeef und der Sauce mischen.

2 Jeweils 2 Stück Alufolie übereinanderlegen und das BBQ-Geschnetzelte gleichmäßig mittig darauf verteilen. Die Folien über dem Geschnetzelten zusammenklappen, dann die Ränder zusammenfalten – nicht zu straff, es soll etwas Platz bleiben. Die Alu-Päckchen auf den Grillrost setzen und unter gelegentlichem Wenden bei mittlerer Hitze etwa 25 Minuten grillen. Das Geschnetzelte direkt in den Päckchen servieren oder auf vier Teller verteilen.

Meal-Prep fürs BBQ
Dieses Gericht lässt sich super vorbereiten und schmeckt umso besser, je länger es durchzieht. Sie können es alternativ auch in einer großen Pfanne auf dem Gaskocher zubereiten: Erhitzen Sie 2 EL Rapsöl und braten Sie alle Zutaten bei mittlerer Hitze etwa 20 Minuten. Rühren Sie dabei möglichst oft um, damit nichts ansetzt.

Für 4 Personen
Zubereitung etwa 50 Minuten

Kartoffelgratin vom Campinggrill

8 mittelgroße festkochende Kartoffeln
1 große Zwiebel
1 Knoblauchzehe
150 g Gouda (oder Cheddar bzw. Raclette, nach Belieben)
2–3 Prisen geriebene Muskatnuss
Salz
frisch gemahlener Pfeffer
4 EL Butter

Außerdem
8 Stück Alufolie (à 30 × 30 cm)

1 Die Kartoffeln sehr gründlich waschen, aber nicht schälen. Halbieren und quer in 5 mm dicke Scheiben schneiden. Die Zwiebel schälen, halbieren und in dünne Streifen schneiden. Den Knoblauch schälen, fein hacken oder durchpressen. Den Gouda grob reiben.

2 Kartoffeln, Zwiebel, Knoblauch und Käse in eine große Schüssel geben. Mit 2–3 Prisen Muskatnuss, 1 TL Salz und 1 Prise Pfeffer würzen und alles gut vermischen.

3 Jeweils 2 Stücke Alufolie übereinanderlegen und die Kartoffelmischung gleichmäßig mittig darauf verteilen. Auf die Kartoffeln jeweils 1 EL Butter geben und die Alufolien zusammenklappen. Die offenen Seiten zusammenfalten, um die Päckchen zu verschließen.

4 Auf den Grillrost setzen und bei mittlerer Hitze 35 Minuten garen. Die Päckchen dabei alle 10 Minuten wenden, damit die Kartoffeln gleichmäßig garen. Vom Grill nehmen, 5 Minuten ruhen lassen und direkt in der Alufolie servieren.

Wenn eine Kartoffel eine Reise tut …
Weil Erdäpfel kein Licht mögen, sollten sie kühl und dunkel gelagert werden – normalerweise ist der Keller dafür perfekt geeignet. Auf Reisen muss eine Alternative her. Wie Sie die Knollen im Campingwagen aufbewahren sollen? Einfach ungewaschen in Zeitungspapier einwickeln!

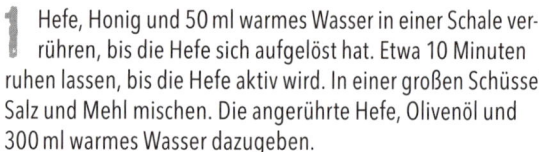

Für 4 Stück
Zubereitung etwa 1 Stunde 30 Minuten · Gehen 1 Stunde 30 Minuten

Mini-Fladenbrot aus der Pfanne

1 Pck. Trockenhefe (7 g)
1 EL Honig
2 TL Salz
4 ½ Tassen + etwas Mehl
  für die Arbeitsfläche
2 EL Olivenöl
2 TL Schwarzkümmel

1 Hefe, Honig und 50 ml warmes Wasser in einer Schale verrühren, bis die Hefe sich aufgelöst hat. Etwa 10 Minuten ruhen lassen, bis die Hefe aktiv wird. In einer großen Schüssel Salz und Mehl mischen. Die angerührte Hefe, Olivenöl und 300 ml warmes Wasser dazugeben.

2 Alles mit den Händen zu einem Teig verarbeiten, dann auf der bemehlten Arbeitsfläche 5 Minuten durchkneten. Der Teig sollte sich zu einer Kugel formen lassen und nicht mehr an den Händen kleben. Bei Bedarf noch etwas mehr Mehl verwenden, um die gewünschte Konsistenz zu erreichen. Den Teig wieder in die Schüssel geben und abgedeckt etwa 1 Stunde an einem warmen Ort gehen lassen.

3 Den Teig aus der Schüssel nehmen, auf der leicht bemehlten Arbeitsfläche noch einmal kurz durchkneten und in vier gleich große Stücke teilen. Die Teigstücke zu Kugeln formen, dann mit dem Handballen zu etwa 1 cm dicken Fladen flach drücken. Auf der Oberseite gleichmäßig mit dem Kümmel bestreuen und erneut 30 Minuten abgedeckt gehen lassen.

4 Die Teigfladen portionsweise auf dem Grillrost bei mittlerer bis schwacher Hitze von jeder Seite 6–7 Minuten grillen. Den Grill dabei verschließen (alternativ einen Topfdeckel über die Fladen legen). Vom Grill nehmen und in ein Geschirrtuch wickeln, um die Brotfladen warm zu halten, bis alle Brotfladen fertig sind. Lauwarm als Beilage servieren.

Pfannenglück

Die Teigfladen können auch in einer Pfanne auf dem Gaskocher zubereitet werden. Dafür eine beschichtete Pfanne ohne Fett erhitzen und die Teigfladen darin bei mittlerer bis schwacher Hitze abgedeckt von jeder Seite 6–7 Minuten backen.

Für 4 Personen
Zubereitung etwa 45 Minuten · Marinieren etwa 30 Minuten

Geschnetzeltes mit mediterranem Gemüse

250 g Schweinefilet
250 g Rinderhüfte
1 EL Tomatenmark
1 EL Sojasauce
1 Zucchini
8 Kirschtomaten
1 kleine Aubergine
1 kleine Fenchelknolle
1 rote Zwiebel
4 EL Olivenöl
2 TL Kräuter der Provence
Salz
frisch gemahlener Pfeffer
4 EL saure Sahne

Außerdem
8 Stück Alufolie (à 30 × 30 cm)

Gas geben!
Das Gericht lässt sich auch in einer Pfanne zubereiten (siehe Bild): Dafür 2 EL Rapsöl erhitzen und das Geschnetzelte mit Gemüse darin bei mittlerer Hitze etwa 20 Minuten braten, dabei gelegentlich umrühren. An die Pfanne, fertig, los!

1 Das Fleisch kalt abwaschen, trocken tupfen, von überschüssigem Fett und Sehnen befreien und in 1 cm dicke Streifen schneiden. In einer Schale mit Tomatenmark und Sojasauce etwa 30 Minuten marinieren.

2 In der Zwischenzeit die Zucchini putzen, waschen, längs vierteln und in 1 cm dicke Stücke schneiden. Die Kirschtomaten waschen und halbieren. Die Aubergine putzen, waschen, der Länge nach zuerst in 1 cm dicke Scheiben, dann quer in 1 cm dicke Streifen schneiden. Den Fenchel putzen, waschen, vierteln und den Strunk schräg herausschneiden. Quer in 5 mm breite Streifen schneiden. Die Zwiebel schälen und achteln.

3 Das Gemüse in eine Schüssel geben und mit Öl, Kräutern, 1 TL Salz und 1 Prise Pfeffer vermischen. Das Fleisch samt Marinade hinzugeben und alles gut miteinander vermischen. Jeweils 2 Stücke Alufolie übereinanderlegen und die Gemüse-Fleisch-Mischung gleichmäßig mittig darauf verteilen. Die Alufolien zusammenklappen und die offenen Seiten zusammenfalten, um die Päckchen zu verschließen.

4 Auf den Grillrost legen und bei mittlerer Hitze etwa 25 Minuten grillen. Dabei gelegentlich wenden, damit alles gleichmäßig gart. Vom Grill nehmen und 5 Minuten ruhen lassen. In der Alufolie servieren und mit jeweils 1 EL saurer Sahne garnieren.

Lust auf Lagerfeuer?

Wenn der Teig auf dem Stock über dem Lagerfeuer langsam Farbe annimmt, erinnert uns das an Tage aus unserer Kindheit. Als wir es gar nicht erwarten konnten, dass dieses Brot aus dem Feuer endlich fertig wird. Auch heute wollen wir nicht auf das verzichten, was uns damals faszinierte. Sitzt man gemeinsam ums Lagerfeuer, klopft das Herz gleich ein bisschen lauter. Da bekommt jeder Hunger nach Romantik – also lassen Sie die Funken fliegen. Unsere Stockbrot-Rezepte sind zum Verlieben!

Die Top 10 der heißesten Lagerfeuer-To-dos

Diese zehn Dinge müssen Sie außerdem einmal im Leben am Lagerfeuer getan haben:

1. Eine Gruselgeschichte erzählen.
2. Gegrillte Marshmallows naschen.
3. Den Kindern ein Naturphänomen erklären.
4. Ein typisches Lagerfeuerlied singen (z. B. »Wonderwall« von Oasis oder »All Summer Long« von Kid Rock).
5. Einen dieser Songs auf der Gitarre spielen – oder jemanden anhimmeln, der es tut.
6. Eine Kartoffel essen, die in der Glut gegart wurde.
7. Selbst (mindestens ein Stück) Holz sammeln und es ins Feuer legen.
8. Mucksmäuschenstill sein, um zu lauschen, wie es knistert und knackt.
9. Einem Freund ein echtes Geheimnis anvertrauen.
10. Richtig ausgelassen tanzen.

Für 4 Personen
Zubereitung etwa 1 Stunde · Gehen etwa 1 Stunde 10 Minuten

Stockbrot-Variationen

Für den Grundteig

1 Pck. Trockenhefe (7 g)
1 EL Zucker
1 TL Salz
2 EL Olivenöl
3 Tassen + etwas Mehl für die Arbeitsfläche

Für das Kräuter-Stockbrot

2 Knoblauchzehen
4 Stängel glatte Petersilie
1 Bund Schnittlauch

Für das Zwiebel-Stockbrot

1 Tasse Röstzwiebeln
1 TL Paprikapulver

Für das Speck-Stockbrot

1 Tasse Speckwürfel
1 Tasse geriebener Gouda

Außerdem

4 gerade Holzstöcke von Haselnuss,
Buche oder Weide (à etwa 50 cm)

1 Für den Teig Hefe, Zucker, Salz und 200 ml warmes Wasser in einer Schale verrühren, bis sich die Hefe aufgelöst hat. Etwa 10 Minuten ruhen lassen, damit die Hefe aktiv wird. Das Olivenöl unterrühren und nach und nach so viel Mehl hinzufügen, dass ein zähflüssiger Teig entsteht. Restliches Mehl dazugeben und nun mit den Händen zu einem geschmeidigen Teig verkneten. Nach Belieben eine der unten stehenden Varianten wählen oder direkt zu Schritt 5 gehen.

2 Für das Kräuter-Stockbrot den Knoblauch schälen und fein hacken oder durchpressen. Die Kräuter kalt abbrausen und trocken schütteln. Die Petersilie mit den Stängeln fein hacken, den Schnittlauch in Röllchen schneiden. Knoblauch und Kräuter zum Teig geben und so lange verkneten, bis sie sich gleichmäßig im Teig verteilt haben.

3 Für das Zwiebel-Stockbrot die Röstzwiebeln und das Paprikapulver unter den Teig kneten.

4 Für das Speck-Stockbrot den Speck und den Käse unter den Teig kneten.

5 Den Teig 1 Stunde gehen lassen. Die Holzstöcke an der Stelle, um die später der Brotteig gewickelt werden soll, gründlich mit Wasser reinigen und gegebenenfalls mit einer Bürste schrubben.

6 Den Teig in vier gleich große Portionen teilen. Jede mit den Händen auf einer bemehlten Arbeitsfläche zu einer Rolle von etwa 50 cm Länge rollen. Die Teigrollen um das vorbereitete Ende der Holzstöcke wickeln und entweder über der Glut eines offenen Lagerfeuers oder über der Glut des Grills backen. Dabei die Holzstöcke häufig drehen. Je nach Hitze und Entfernung zur Glut dauert es 30–40 Minuten, bis das Brot gar ist. Das Brot ist fertig, wenn es von außen braun und knusprig ist und es sich hohl anhört, wenn man darauf klopft.

Pizza vom Grill

Für den Teig
1 Pck. Trockenhefe (7 g)
1 TL Zucker
½ TL Salz
1 EL Olivenöl
3 Tassen + etwas Mehl für die Arbeitsfläche

Für die Sauce
1 ½ Tassen passierte Tomaten (Tetra Pak)
2 EL getrockneter Oregano
1 Prise geriebene Muskatnuss
2 EL Zucker
Salz

Für den Belag
2 Kugeln Mozzarella
250 g Gouda
8 Scheiben Kochschinken

1 Für den Teig Hefe, Zucker, Salz und 180 ml warmes Wasser in einer Schale verrühren, bis die Hefe sich aufgelöst hat. Etwa 10 Minuten ruhen lassen, damit die Hefe aktiv wird. Das Olivenöl unterrühren und nach und nach so viel Mehl hinzufügen, dass ein zähflüssiger Teig entsteht. Restliches Mehl dazugeben und nun mit den Händen zu einem geschmeidigen Teig verkneten. Abgedeckt an einem warmen Ort 1 Stunde gehen lassen.

2 In der Zwischenzeit für die Sauce die passierten Tomaten mit Oregano, 1 Prise Muskatnuss und Zucker verrühren und mit Salz abschmecken. Für den Belag den Mozzarella abtropfen lassen und jede Kugel in 8 Scheiben schneiden. Den Gouda grob reiben und den Schinken in mundgerechte Stücke zerpflücken.

3 Den Teig in vier gleich große Portionen teilen und zu Kugeln formen. Auf der bemehlten Arbeitsfläche mit einer Teigrolle zu Böden von etwa 20 cm Ø ausrollen oder mit den Händen in Form drücken. Die Teigfladen portionsweise auf den Grillrost legen, sofort den Deckel schließen (oder einen Topfdeckel über die Pizza legen) und bei mittlerer Hitze von jeder Seite etwa 1 Minute vorbacken. Vom Rost nehmen, gleichmäßig mit der Sauce bestreichen, mit dem Gouda bestreuen und mit je 4 Scheiben Mozzarella belegen. Den Schinken auf den Böden verteilen und die Pizza auf dem Rost weitere 3–5 Minuten mit geschlossenem Deckel backen.

4 Da jeder Grill eine andere Hitze entwickelt, ist es wichtig, den Garvorgang immer wieder zu prüfen. Heben Sie die Pizzas an und kontrollieren Sie Farbe und Festigkeit der Teigböden. Falls der Teig von unten zu schnell dunkel wird oder zu verbrennen droht, die Pizza vom Grillrost nehmen, zunächst die Hitze reduzieren und dann weiterbacken. Die Pizza ist fertig, wenn der Boden knusprig und der Käse verlaufen ist.

Antipasti-Gemüsesticks vom Grill

Für die Marinade

1 Knoblauchzehe
½ Bund Minze
½ Bio-Zitrone
4 EL Olivenöl
1 TL getrockneter Oregano

Für die Gemüsesticks

1 Dose Artischockenherzen (5–7 Stück, 240 g)
250 g Halloumi
1 Zucchini
8 Shiitakepilze
8 Mini-Snackpaprikaschoten
Salz
frisch gemahlener Pfeffer

Außerdem

8 Holzspieße (à 20 cm)

Aufgegabelt

Handarbeit ist angesagt! Wir verraten Ihnen, wie Sie dem Saft einer Zitrone ohne Presse zu Leibe rücken: Schneiden Sie die Frucht auf und stechen Sie mit der Gabel ein paar Mal in das Fleisch – nun lässt die Zitrone sich easy mit der Hand auspressen. Oder Sie machen es sich noch einfacher: Gabel in die Mitte der Zitrone stechen, nach oben und unten bewegen und siehe da ... der Saft fließt von alleine.

1 Die Holzspieße mindestens 30 Minuten in Wasser einweichen. Für die Marinade den Knoblauch schälen, fein hacken oder durchpressen. Die Minze kalt abbrausen, gut trocken schütteln und die Blätter abzupfen und fein hacken. Die Zitrone heiß abwaschen, trocknen und die Schale abreiben. Den Saft auspressen. Knoblauch, Minze, Öl, Zitronenschale, 2 EL Zitronensaft und Oregano in einer Schale verrühren und beiseitestellen.

2 Die Artischockenherzen in ein Sieb abgießen, abtropfen lassen, dann halbieren. Den Halloumi längs halbieren und quer in 8 gleich große Würfel schneiden. Die Zucchini putzen, waschen und längs halbieren. Quer in 16 gleich große Stücke schneiden. Die Pilze mit einem Küchentuch abreiben und halbieren. Die Paprika halbieren, von den Samen befreien und waschen.

3 Die Gemüsestücke gleichmäßig verteilt auf die Holzspieße stecken und mit Salz und Pfeffer würzen. Auf dem Grillrost bei mittlerer Hitze von jeder Seite 3–4 Minuten grillen. Anschließend mit der Marinade einpinseln und servieren.

4 Alternativ können die Spieße auf dem Gaskocher zubereitet werden: Dafür 1 EL Olivenöl in einer beschichteten Pfanne erhitzen und die Gemüsespieße darin bei mittlerer Hitze von jeder Seite 3–4 Minuten braten. Mit der Marinade einpinseln und servieren.

Für 4 Personen
Zubereitung etwa 45 Minuten · Einweichen etwa 30 Minuten

Blumenkohl-Zucchini-Kebabs mit Mandelsalsa

Für die Mandelsalsa

1 Schalotte
1 Knoblauchzehe
3 EL Kapern
100 ml Olivenöl
40 g gemahlene Mandeln
2 EL gehackte glatte Petersilie
1 EL gehackte Minze
1 TL getrockneter Oregano
1 TL abgeriebene Schale von 1 Bio-Zitrone
3 TL Zitronensaft
Salz
frisch gemahlener Pfeffer

Für die Kebabs

1 Blumenkohl
2 Zucchini
2 EL Olivenöl
Salz

Außerdem

8 Holzspieße (à 20 cm)

1 Die Holzspieße mindestens 30 Minuten in Wasser einweichen. Für die Salsa die Schalotte schälen und in feine Würfel schneiden. Den Knoblauch schälen, fein hacken oder durchpressen. Die Kapern fein hacken. Alles mit den restlichen Salsa-Zutaten in einer Schale verrühren und mit Salz und Pfeffer abschmecken. Beiseitestellen.

2 Den Blumenkohl in kleine Röschen zerteilen und waschen. Die Zucchini waschen, die Enden abschneiden. Mit einem Sparschäler dünne Scheiben von den Zucchini abschälen. Jeweils 2 Zucchinischeiben aufeinanderlegen und aufrollen. Blumenkohl und Zucchini im Wechsel auf die Holzspieße stecken. Gleichmäßig mit dem Öl bepinseln und salzen.

3 Auf dem Grill bei mittlerer Hitze 10–12 Minuten grillen, dabei häufig wenden, damit die Kebabs nicht anbrennen. Gleichmäßig mit der Salsa beträufeln und servieren.

4 Alternativ können die Spieße auf dem Gaskocher zubereitet werden. Dafür 1 EL Olivenöl in einer beschichteten Pfanne erhitzen und die Blumenkohl-Kebabs darin bei mittlerer Hitze rundherum 10–12 Minuten anbraten.

Für 4 Personen · Zubereitung etwa 40 Minuten

Gegrilltes Gartengemüse

3 festkochende Kartoffeln
3 Möhren
1 Kohlrabi
150 g grüne Bohnen
1 Knoblauchzehe
2 EL weiche Butter
¼ TL getrockneter Oregano
¼ TL gemahlene Kurkuma
Salz
frisch gemahlener Pfeffer

Außerdem
8 Stück Alufolie (à 30 × 30 cm)

1 Die Kartoffeln schälen, waschen, vierteln und quer in 1 cm dicke Stücke schneiden. Die Möhren schälen, waschen und schräg in 5 mm dicke Scheiben schneiden. Den Kohlrabi schälen, waschen, vierteln und quer in 5 mm dicke Scheiben schneiden. Die Bohnen putzen, waschen und halbieren. Den Knoblauch schälen, fein hacken oder durchpressen.

2 Die Butter in einem Topf auf dem heißen Grill zerlassen. Den Knoblauch hinzufügen und 1 Minute in der Butter ziehen lassen. Gemüse, Oregano und Kurkuma mit der Butter in eine große Schüssel geben. Mit 2 TL Salz und 1 Prise Pfeffer würzen und gut vermischen.

3 Je 2 Stücke Alufolie übereinanderlegen und das Gemüse gleichmäßig mittig darauf verteilen. Die Folien zusammenklappen und die offenen Seiten zusammenfalten, um die Päckchen zu verschließen. Auf den Grillrost legen und bei mittlerer Hitze 20 Minuten grillen. Dabei gelegentlich wenden, damit das Gemüse gleichmäßig gart. Vom Grill nehmen und 5 Minuten ruhen lassen, dann in der Folie servieren.

Für 4 Personen · Zubereitung etwa 30 Minuten

Balsamico-Bohnenpäckchen vom Grill

600 g grüne oder gelbe
  Buschbohnen
1 rote Paprikaschote
1 gelbe Paprikaschote
2 Knoblauchzehen
2 EL Olivenöl
2 TL Dijonsenf
2 TL Ahornsirup
2 EL Balsamicoessig
Salz
40 g Pinienkerne

Außerdem
8 Stück Alufolie (à 30 × 30 cm)

1 Die Bohnen putzen, halbieren, waschen und abtropfen lassen. Die Paprika halbieren, von den Samen befreien, waschen und quer in 5 mm dicke Streifen schneiden. Den Knoblauch schälen, fein hacken oder durchpressen. Knoblauch, Öl, Senf, Ahornsirup und Essig in eine große Schüssel geben und mit ½ TL Salz würzen. Bohnen und Paprika unterrühren, bis sie gleichmäßig mit der Marinade überzogen sind.

2 Jeweils 2 Stücke Alufolie übereinanderlegen und die Bohnen gleichmäßig mittig darauf verteilen. Die restliche Marinade aus der Schüssel darüberträufeln. Mit den Pinienkernen bestreuen, die Alufolien zusammenklappen und die offenen Seiten zusammenfalten, um die Päckchen zu verschließen.

3 Auf den Grillrost legen und bei mittlerer Hitze 10–12 Minuten grillen, dabei gelegentlich wenden, damit die Bohnen gleichmäßig garen. Vom Grill nehmen und 5 Minuten ruhen lassen, dann in der Alufolie servieren.

Für 4 Personen · Zubereitung etwa 15 Minuten
Einweichen etwa 30 Minuten · Marinieren etwa 2 Stunden

Garnelen-Limetten-Spieße

600 g rohe Jumbo-Garnelen (ohne Kopf,
   geschält, Größenangabe 16/20)
2 Knoblauchzehen
1 Jalapeño-Chili
3 Stängel Koriander
4 EL Olivenöl
1 EL Rohrohrzucker
½ TL geräuchertes Paprikapulver
½ TL gemahlener Kreuzkümmel
Salz
frisch gemahlener Pfeffer
2 Limetten

Außerdem
4 Holzspieße (à 20 cm)

1 Die Holzspieße mindestens 30 Minuten in Wasser einweichen. Die Garnelen waschen, gut abtropfen lassen oder trocken tupfen und in eine Schüssel geben. Den Knoblauch schälen, fein hacken oder durchpressen. Die Chilischote waschen, halbieren, von den Samen befreien und fein hacken. Den Koriander kalt abbrausen, trocken tupfen und mit den Stängeln fein hacken. Alles mit dem Öl, dem Zucker, Gewürzen, 1 TL Salz und 1 Prise Pfeffer zu den Garnelen geben und gut vermischen. Abdecken und zum Marinieren mindestens 2 Stunden kühl stellen.

2 Die Limetten heiß waschen und abtrocknen. Die Enden von 1 Limette abschneiden und die Frucht in 4 mm dicke Scheiben schneiden. Die zweite Limette längs vierteln und beiseitelegen. Im Wechsel 1 Riesengarnele und eine zusammengeklappte Limettenscheibe auf die Spieße stecken. Am Ende sollten 4–5 Garnelen auf jedem Spieß stecken.

3 Die Garnelenspieße auf dem Grillrost bei mittlerer Hitze von jeder Seite 3–4 Minuten grillen und mit jeweils 1 Limettenviertel servieren.

4 Alternativ können die Spieße auf dem Gaskocher zubereitet werden: Dafür 1 EL Olivenöl in einer beschichteten Pfanne erhitzen und die Limettenspieße darin bei mittlerer Hitze von jeder Seite 3–4 Minuten braten, dann mit je 1 Limettenviertel servieren.

Marinade aus dem Vorrat
Die Marinade kann schon zu Hause vorbereitet werden. Am besten alle Zutaten bis auf das Öl in einem Mörser zu einer feinen Paste zerstoßen. Das Öl hinzugeben, alles gut vermischen, in eine kleine, sterile Flasche abfüllen und verschließen. Alternativ alle Zutaten für die Marinade in einen Mixbecher geben, mit dem Mixstab fein pürieren und abfüllen. Die Marinade hält sich ungekühlt bis zu 1 Woche.

Für 4 Personen
Zubereitung etwa 40 Minuten

Lachs in Alufolie mit Gewürz-Blumenkohl

1 Zwiebel
1 kleiner Blumenkohl
2 EL Butter
1 TL Ingwerpulver
1 TL Knoblauchgranulat
1 TL Chiliflocken
2 TL Paprikapulver
2 TL gemahlener Koriander
½ TL gemahlener Kreuzkümmel
1 Dose gehackte Tomaten (400 g)
Salz
4 Lachsfilets (à 150 g)
frisch gemahlener Pfeffer

Außerdem
8 Stück Alufolie (à 30 × 30 cm)

1 Die Zwiebel schälen und fein würfeln. Den Blumenkohl in kleine Röschen zerteilen und waschen. Die Butter in einer Pfanne auf dem Grill oder Gaskocher erhitzen. Die Zwiebel darin bei mittlerer Hitze etwa 5 Minuten anbraten, bis sie goldgelb ist. Die Gewürze hinzufügen und 2 Minuten mitrösten.

2 Die gehackten Tomaten und die Blumenkohlröschen dazugeben und 8 Minuten köcheln lassen, dabei gelegentlich durchrühren. Mit Salz abschmecken. Die Pfanne vom Grill oder Gaskocher nehmen, beiseitestellen und 10 Minuten abkühlen lassen.

3 In der Zwischenzeit die Fischfilets kalt abwaschen und trocken tupfen. Mit Salz und Pfeffer würzen.

4 Jeweils 2 Stücke Alufolie übereinanderlegen und die Hälfte der Blumenkohlmischung gleichmäßig mittig darauf verteilen. Die Fischfilets daraufsetzen, den restlichen Blumenkohl darauf verteilen. Die Alufolien zusammenklappen und an den offenen Seiten zusammenfalten, um die Päckchen zu verschließen. Auf den Grillrost legen und bei mittlerer Hitze 20 Minuten grillen, dabei alle 5 Minuten wenden. Die Päckchen vom Grill nehmen, auf vier Teller verteilen und erst beim Servieren öffnen.

Loup de Mer vom Grill

4 küchenfertige Loup de Mer
   (Wolfsbarsch, à 300 g)
1 Stück Ingwer (etwa 5 cm)
2 Knoblauchzehen
1 rote Chilischote
2 Stangen Zitronengras
4 Stängel Minze
1 Stück Sternanis
Salz
frisch gemahlener Pfeffer
4 Bio-Limetten (alternativ Bio-Zitronen)

Außerdem
2 alte Tageszeitungen
4 Stücke Küchengarn (à 40 cm)

Fisch ahoi!
Sie möchten zur Abwechslung einen ganzen
Fisch über dem Lagerfeuer zubereiten? Das
gelingt wunderbar, also seien Sie mutig!
Wickeln Sie einfach einen Fisch in Alufolie und
legen ihn in die heiße Glut. Einen festen Fisch
können Sie auch auf einen Stock spießen, den
Sie über die Glut halten. Oder Sie nehmen ein
professionelles Grill-Equipment zu Hilfe, einen
Fischkorb – dieses Gittergestell gestaltet das
Wenden extrem einfach (siehe Bild).

1 Den Loup de Mer mit kaltem Wasser waschen, auch in der
Bauchhöhle. Trocken tupfen und beiseitelegen. Ingwer
und Knoblauch schälen. Die Chilischote und das Zitronengras
putzen und waschen. Das Zitronengras in 2 cm große Stücke
schneiden. Die Minze kalt abbrausen und samt Stängel grob
hacken. Ingwer, Knoblauch, Zitronengras, Chilischote, Minze
und Sternanis in einem Mörser grob zerstoßen oder mit dem
Messer hacken. Die Fische mit Salz und Pfeffer würzen, auch
in der Bauchhöhle. Die Gewürze gleichmäßig in die Bauch-
höhlen der Fische verteilen.

2 Die Limetten heiß waschen und in jeweils 8 Scheiben
schneiden. Die Zeitungen in 5 gleichen Lagen ausbreiten
und mit etwas Wasser benetzen. Jeweils 4 Limettenscheiben in
einer Reihe mittig darauflegen und den Fisch daraufsetzen,
dann mit den übrigen Limettenscheiben belegen. Fest in das
Zeitungspapier einrollen und mit dem Küchengarn verschnü-
ren. Die Fischpäckchen vollständig mit Salzwasser bedecken
und 15 Minuten einweichen.

3 Die Fische auf dem Grillrost bei mittlerer Hitze von jeder
Seite etwa 15 Minuten grillen. Zum Servieren den Fisch
aus der Zeitung auswickeln, die Kräuter und Gewürze aus der
Bauchhöhle entfernen und auf vier Tellern anrichten.

Für 4 Personen
Zubereitung etwa 15 Minuten · Einweichen etwa 30 Minuten

Zitronen-Lachs mit Sesam

600 g Lachsfilet
1 Knoblauchzehe
2 Bio-Zitronen
2 EL Olivenöl
3 EL gehackter Dill
1 EL gehackte Petersilie
2 TL Dijonsenf
1 TL Worcestersauce
2 EL Sesam
¼ TL Chiliflocken

Außerdem
8 Holzspieße (à 20 cm ; alternativ
  Metallspieße)

1 Die Holzspieße mindestens 30 Minuten in Wasser einweichen. Den Lachs waschen, trocken tupfen und in 3 cm große Würfel schneiden. Den Knoblauch schälen, fein hacken oder durchpressen. Die Zitronen heiß waschen und abtrocknen. Die Enden der Zitronen großzügig abschneiden und mit den Händen auspressen. Die Zitronen in 4 mm dicke Scheiben schneiden. Knoblauch, Zitronensaft, Öl, Dill, Petersilie, Senf und Worcestersauce in einer Schale verrühren und beiseitestellen.

2 Zum Aufspießen 2 Holzspieße so halten, dass sie ungefähr einen Abstand von 1 cm zueinander haben. Im Wechsel ein Stück Lachs und eine zusammengefaltete Zitronenscheibe daraufstecken. Mit den restlichen 6 Holzspießen auf die gleiche Weise verfahren.

3 Die Lachsspieße gleichmäßig mit der Kräuter-Senf-Mischung einstreichen. Sesam und Chiliflocken mischen und die Lachsspieße rundherum damit bestreuen. Auf dem Grillrost bei mittlerer Hitze von jeder Seite 2 Minuten grillen und servieren.

4 Alternativ können die Spieße auf dem Gaskocher zubereitet werden: Dafür 1 EL Olivenöl in einer Pfanne erhitzen und die Lachsspieße darin bei mittlerer Hitze von jeder Seite 2 Minuten braten, dann servieren.

Es grünt so grün
Sie haben frische Kräuter ergattert? Gewaschen und gut trocken geschüttelt halten sie sich im Kühlschrank am besten – entweder in einer Frischhaltebox oder in einem wiederverschließbaren Gefrierbeutel, den Sie mit Luft aufpusten.

Gegrillte Fruchtspieße mit Gewürz-Joghurt

Für den Joghurt

1 Bio-Orange
400 g Joghurt (3,5 %)
1 TL gemahlener Kardamom
½ TL gemahlener Zimt
2 Msp. gemahlener Anis
1 Msp. gemahlene Nelken
20 g gehackte Pistazien
1 EL Zucker (mehr nach Geschmack)

Für die Fruchtspieße

1 Baby-Ananas
1 Mango
2 Aprikosen
1 Banane

Außerdem

4 Holzspieße (à 20 cm)

1 Die Holzspieße mindestens 30 Minuten in Wasser einweichen. Für den Gewürz-Joghurt die Orange heiß abwaschen, abtrocknen und die Schale hauchdünn abreiben. Den Joghurt mit Orangenschale, den Gewürzen, Pistazien und Zucker in einer Schale verrühren, bis der Zucker sich aufgelöst hat. Nach Belieben mit etwas mehr Zucker abschmecken.

2 Für die Fruchtspieße die Ananas waschen, großzügig schälen und die holzigen Augen herausschneiden. Die Ananas längs vierteln und in jeweils 4 gleich große Stücke zerschneiden. Die Mango waschen, schälen und das Fruchtfleisch links und rechts vom Stein abschneiden. Die Mango in 2 × 3 cm große Stücke schneiden. Die Aprikosen waschen, vierteln und vom Stein befreien. Die Aprikosenviertel jeweils halbieren. Die Banane schälen und in 3 cm dicke Scheiben schneiden.

3 Die Fruchtstücke im Wechsel gleichmäßig auf die Holzspieße stecken und auf dem Grillrost bei schwacher Hitze auf jeder Seite 1 Minute grillen. Die Fruchtspieße auf vier Teller verteilen und mit dem Joghurt servieren.

Schokokuchen in der Orange gebacken

100 g Zartbitterschokolade
1 EL Kakaopulver (schwach entölt)
1 Tasse Mehl
1 TL Backpulver
Salz
¾ Tasse Puderzucker
1 TL Vanillezucker
4 Bio-Orangen
2 EL weiche Butter
1 Ei (M)

Außerdem
8 Stücke Alufolie (à 30 × 30 cm)

1 Die Schokolade mit der Reibe fein raspeln. Dafür am besten vorher eine Weile in die Kühlung legen. Schokoladenraspel mit Kakaopulver, Mehl, Backpulver, 1 Prise Salz, Puderzucker und Vanillezucker gründlich vermischen. Die Mehlmischung kann so weit zuhause vorbereitet und abgefüllt werden.In der Campingküche angekommen wird sie weiterverarbeitet.

2 Von den Orangen im oberen Viertel einen Deckel abschneiden. Die Orangen mit einem Löffel aushöhlen. Das Fruchtfleisch zwischen den Händen auspressen und 170 ml Orangensaft abmessen. Die Mehlmischung in eine Schüssel oder in einen Topf geben. Orangensaft, Butter und Ei dazugeben und mit einem Kochlöffel zu einem glatten Teig verrühren.

3 Die ausgehöhlten Orangen zu zwei Dritteln mit dem Teig füllen und mit dem Deckel verschließen. In je 2 Stücke Alufolie einwickeln. Auf den Grillrost setzen, den Grill verschließen und den Kuchen etwa 30 Minuten backen. Herausnehmen und 10 Minuten abkühlen lassen. Dann aus der Folie wickeln und servieren.

Variante für das Lagerfeuer
Die Orangen können direkt in die Glut eines Lagerfeuers gesetzt und darin gebacken werden. Je nachdem, wie stark die Glut im Grill oder am Lagerfeuer ist, kann sich die Backzeit verkürzen oder verlängern. Am besten machen Sie nach 20 Minuten die Stäbchenprobe: Wenn an einem in die Orange gesteckten Holzstäbchen noch Teig hängen bleibt, weitere 5 Minuten backen und erneut testen – der Kuchen ist gar, wenn kein Teig mehr hängen bleibt.

Zutaten-Packliste: Diesen Vorrat brauchen Sie

Welche Lebensmittel dürfen in Ihrem Reisevorrat auf keinen Fall fehlen? Und was könnte zusätzlich noch mit ins Gepäck? Hier kommen Basics für unterwegs und Nice-to-have-Zutaten, die wir Ihnen speziell für die Zubereitung unserer Rezepte ans Herz legen möchten.

Basics

- Ahornsirup/Honig
- Backpulver
- Dijonsenf/Senf
- Dosentomaten/Passierte Tomaten/Tomatenmark
- Essig
- Getränke (Wasser, Limonade, alkoholische Getränke)
- Instant-Brühe
- Kaffee/Tee
- Knoblauch
- Mehl
- Nudeln
- Öl
- Pfeffer
- Salz
- Zucker
- Zwiebeln

Nice to have

- Couscous
- Kakaopulver
- Konservendosen (z. B. Bohnen, Mais, Kichererbsen)
- Marmelade/Nussnugatcreme
- Mie-Nudeln
- Nüsse, Samen, Kerne & Mandeln (z. B. Sonnenblumenkerne, Cashewkerne, Sesamsamen)
- Puderzucker
- Risotto-Reis
- Sojasauce
- Speisestärke
- Trockenfrüchte (z. B. Cranberrys, Aprikosen)
- Trockenhefe
- Weißbrotbrösel
- weitere (Lieblings-)Gewürze (z. B. Muskatnuss, Chilipulver, Rosmarin, Oregano)

Equipment-Packliste: Auf diese Ausstattung schwören Camper

Es gibt Dinge, auf die kann selbst in der mobilen Küche niemand verzichten. Dazu gehört zum Beispiel ein gutes Messer. Und dann gibt es da noch den Luxuskram – ohne den es zwar geht, aber der das Leben unterwegs ein kleines bisschen leichter macht.

Die Küchen-Grundausstattung

· Alufolie
· Becher/Gläser/Tassen/Teller (ggf. Campinggeschirr-Set)
· Besteck (Messer, Gabel, Esslöffel & Teelöffel)
· Gefrierbeutel (wiederverschließbar)
· Geschirrtücher
· Holzspieße
· Kochlöffel
· Korkenzieher mit Dosenöffner
· Küchenpapier
· Messbecher
· Messer (mehrere, z. B. 2 × Kochmesser, 2 × Gemüsemesser)
· Müllbeutel
· Pfanne (groß, mit Deckel)
· Schneidebrett
· Schüsseln (ggf. + Spülschüssel)
· Sieb
· Sparschäler
· Spülmittel & -schwämme
· Töpfe (ohne Kunststoffgriffe, mit Deckel)

Noch Platz?

· Espressokocher
· Fingerfood-Sticks mit Griff
· Grillzange
· Knoblauchpresse
· Küchengarn
· Pfannenwender
· Reibe (für Gemüse und Käse)
· Schere
· Schneebesen
· Silikonpinsel
· Tischdecke

Register

© Dorling Kindersley Verlag GmbH, München, 2018
Ein Unternehmen der Penguin Random House Group
Alle Rechte vorbehalten
2. Auflage, 2019

Rezepte Nico Stanitzok
Texte Viola Lex
Fotografie Brigitte Sporrer
Fotoassistenz Thomas Helbig
Styling Conni Böhm
Foodstyling Max Goldschmidt, Tina Knipschild
Coverfoto Brigitte Sporrer
Autorenfotos Nico Stanitzok: privat, Viola Lex:Bastian Nass Photography
Lektorat Elke Sagenschneider
Covergestaltung, Innengestaltung, Typografie, Realisation,
Illustration Silke Klemt

Für den DK Verlag:
Programmleitung Monika Schlitzer
Redaktionsleitung Caren Hummel
Projektbetreuung Melanie Haizmann, Anne Heinel
Herstellungsleitung Dorothee Whittaker
Herstellungskoordination Arnika Marx
Herstellung Jenny Kolbe

ISBN 978-3-8310-3449-9

Repro Farbsatz
Druck und Bindung Neografia, Slowakei

www.dorlingkindersley.de

Noch mehr Inspiration

ISBN 978-3-8310-3438-3
16,95 € (D) / 17,50 € (A)

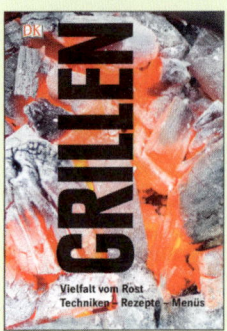

ISBN 978-3-8310-3303-4
26,95 € (D) / 27,80 € (A)

ISBN 978-3-8310-3452-9
16,95 € (D) / 17,50 € (A)

Survival-Stuff für Camper

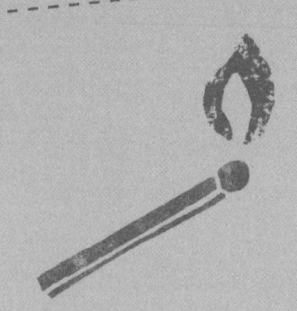

Wenn es um die Campingküche geht, kennen Sie sich jetzt bestens aus. Aber ohne nützliche Alltagsausrüstung schicken wir Sie natürlich nicht auf Reisen. Bevor Sie Ihre Campingtour starten, sollten Sie hieran noch denken ...

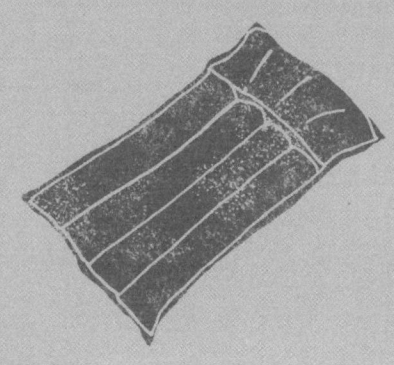

Unverzichtbar

- Bargeld (in der Landeswährung) / EC-Karte / Kreditkarte
- Bettwäsche / Isomatte / Luftmatratze / Schlafsack
- Brille / Kontaktlinsen + Flüssigkeit
- Feuerzeug / Streichhölzer
- Fahrzeugschein / Führerschein (internationaler Führerschein) / ggf. Unterlagen der Autovermietung
- Personalausweis / Reisepass
- Taschenlampe / Stirnlampe

Kleidung & Accessoires

- Flipflops zum Duschen
- Klamotten je nach Wetter, Reisedauer & Gepäckgröße
- Kühltasche und -akkus
- Sonnenbrille
- Tagesrucksack für Ausflüge